译文坐标

吸血企业
吃垮日本的妖怪

ブラック企業　日本を食いつぶす妖怪

〔日〕

今野晴贵

—

著

王晓夏

—

译

上海译文出版社

目　录

【第2部　吸血企业是一种社会问题】

前　言

　　"吸血企业"[1]这一名词转眼之间已广为人知。这个词原本是指"拥有黑社会背景的企业"，涉黑色彩很重，但最近其用法发生了变化，被普遍用于形容"以违法的劳动条件剥削年轻人的企业"。也就是说，这是一个从年轻人的角度"告发"企业用工状况的词。

　　就在几年前，说到年轻人在职业工作中存在的问题，人们普遍会想到"零工族""NEET"（"啃老族"）[2]等社会现象。换言之，大家都认为年轻人在工作中存在

[1] 该词日语原文为"ブラック企業"，直译为"黑企业"，考虑其主要针对企业对劳动者的剥削问题，因此意译为"吸血企业"。——译者（本书注释如无特殊标识，均为译注）

[2] "NEET"是英文"Not in education，employment or training"的缩写，指"非升学，非就业，非进修的状态"下的日本年轻人，俗称"啃老族"，也有翻译为"尼特族"。

问题的根源在于他们自己的"自私"和"任性"，没有人会把这种社会现象与企业的用工管理制度联系起来。

吸血企业这一概念不同于以往把社会问题归咎于年轻人自身原因的看法，它明确地将矛头指向了企业一方。因此，这个概念被赋予了一个前所未有的全新含义。当然，在时代和环境剧烈变化的现代社会，企业培育新人的难度确实也在不断增加。然而不得不说，从前我们的目光过于集中在年轻人的"意识"上，以至于没有充分认识到企业的劳务管理同样也是一个十分重要的问题。

2006 年我还在中央大学法学院学习的时候，就成立了接受年轻人劳务问题咨询的非营利组织（NPO）"POSSE"，迄今已经受理了 1500 余起劳动咨询。在最早的一些案例中，哪怕是企业一方存在明显的违法行为，前来咨询的年轻人也会深感不安，感觉"是不是自己也有不对的地方"。但最近情况发生了明显转变，咨询"自己受雇的企业算不算是吸血企业"的人明显增多，甚至有很多人希望我教他们如何识别吸血企业。

随着吸血企业这个概念越来越深入人心，社会审视违法企业的目光也变得越发严厉起来。

但是，我们绝不能将吸血企业单纯看作年轻人在其中遭受了没人性虐待的"无良企业"，因为正如本书所述，吸血企业问题已经在日本社会造成了诸多弊病。首先，吸血企业会威胁消费者的安全。其次，它不但可能伤害作为个体的年轻群体，甚至还会破坏日本的经济和雇佣体系。比如，在职场霸凌（Power Harassment）和超时劳动的压迫下，年轻人有可能罹患抑郁症，那样就会造成国家的医疗费负担加重。同时随着少子化的加剧，它还可能成为导致市场萎缩和远期财政崩溃的原因之一。

不仅如此，来做与吸血企业有关的劳动咨询的很多人都是当事人的父母、恋人等亲友，他们咨询的多为"儿子（女儿）、恋人不慎进了吸血企业，得了病怎么办"之类的。可见吸血企业造成的伤害不仅限于国家、社会，也已经波及了家庭。这是一个波及范围十分广泛的问题。

因此，当我们讨论"吸血企业"这个问题时必须要覆盖这一问题的两个方面。一是年轻人作为个体遭受伤害的一面，另一个则是其作为社会问题的一面。本书关注的吸血企业问题也包括其作为社会问题的一面，以期拓宽全社会对这一问题的视野。

本书将从如下四个方面进行论述：① 吸血企业如何向个人露出狰狞的獠牙；② 个人应该如何对付吸血企业；③ 吸血企业给社会造成的危害及其现状；④ 社

会应如何防治吸血企业造成的危害。

当我们将视角从个体扩大到全社会时，就会发现站在个体的立场上解决"如何识别吸血企业""如何避免进入吸血企业"这类问题是远远不够的，我们需要整个社会团结一致地去面对并解决这个问题。

【第1部 吸血企业给个人带来的危害】

本书的前半部分将会着重阐述吸血企业给个人带来的危害。对于劳动者来说，他们不仅仅是进入了一个劳动条件恶劣的企业，还会被吸血企业彻底摧毁人生。他们会患上心理疾病，有时甚至会被夺去生命。下面就让我们来看看他们具体遭受了怎样的伤害。

第 1 章　吸血企业的现状

吸血企业的"前史"

21 世纪的前十年，是一个年轻人的雇佣问题得到社会广泛关注的年代。要加深对吸血企业问题的理解，首先需要触及该问题的前史。我自 2002 年考上大学起，就一直将年轻人的雇佣问题当作自己这一代人的问题并思考至今。

在吸血企业问题受到社会广泛关注之前，年轻人的雇佣劳动问题的中心，一直是企业非正式用工[1]不断扩大的问题。在日本，年轻的非正式员工被俗称为"零

---

[1] 日本非正式用工通常指打零工、小时工，以及签订有固定期限劳动合同的工人，而正式工通常指签订无固定期限劳动合同的工人。

工族"，他们被认为不好好工作，心甘情愿做一些简单劳动。除了"零工族"，甚至有很多人连工作都不好好找，他们被称作"NEET"。

在日本，"NEET"被用来形容既没有工作也不上学的 35 岁以下的人群，带有较强的"家里蹲"的色彩。然而"NEET"这一定义较为笼统，它甚至将很多正在准备公务员考试、专业资格考试、从事家务，甚至那些因为工伤无法继续就业的人也包含进去，是一个有很多歧义的表达方式。有人指出，这个词是社会给处于以上状态的年轻人贴的负面"标签"。直到 2005 年之前，仍有很多出版物在宣扬"年轻人退化了""年轻人的生态圈和黑猩猩有相似之处"之类的论调，还颇受市场欢迎。

直到 2005 年之后，舆论的风向才逐渐发生转变。日本社会开始广泛意识到，非正式用工正在摧毁年轻人的未来。比如日本放送协会电视台（NHK）于 2005 年 2 月播出的特别节目《工作漂流》中介绍了年轻的非正式员工们，他们作为短工辗转于各个工厂之间。这些被称作"委托工"的年轻人，在没有加班，或因生病请假无法工作的情况下，月收入甚至低于 10 万日元[2]。对

---

〔2〕大约不到一般大学应届毕业生月工资的一半。

于这个问题，我也曾进行过调查。这些在制造业充当委托工、派遣工的年轻人，他们虽然有摆脱对父母的依赖、"自立"出来的意愿，但实际上却只能在各个工厂增产和减产的调整中不断更换工作，辗转于劳务派遣公司、委托公司分布在全国各地的宿舍之间。一旦失去工作，他们就会被这些公司从宿舍里赶出来，沦为居无定所的流浪者。2008 年 12 月广受关注的"过年派遣村"问题[3]，就是在这样一个大背景下产生的。正是因为这一系列的非正式用工问题受到关注，才使得社会对于年轻人的雇佣问题的认识发生了很大转变。

制造业的派遣工、委托工不过是非正式用工问题的一个象征性例子，所有非正式用工都有一个共同的特点，就是劳动者无论怎样努力，都过不上稳定的生活。人们逐渐认识到，非正式用工的问题在于用工方将毫无发展性可言的工作强加给年轻人，无情地剥夺了他们的未来。很多人也认识到，年轻的非正式员工们正处于"贫困"状态。

然而，"年轻群体的雇佣问题就是指不稳定的非正

---

〔3〕2008 年受金融风暴影响，很多企业大量解雇、清退派遣工，造成很多劳动者失去生活来源。多个非营利组织和工会联合起来，于 2008 年 12 月 31 日至 2009 年 1 月 5 日在东京的日比谷公园提供免费食物，同时开设生活、求职、低保申请咨询窗口，对生活陷入极度贫困的劳动者提供帮扶。

式用工"这一观点却衍生出了新的问题。年轻人对非正式用工造成的贫困状态的恐惧，发展出了围绕正式员工的岗位的激烈竞争现象。诚然，非正式用工的雇佣方式与日本传统的终身雇佣、年功序列薪资待遇[4]、完备的企业福利正好相反。正因为如此，社会上都认为只要年轻人不选择"没有未来"的非正式用工，而选择成为"有未来"的正式员工就可以了。反过来说，那些成为了"没有未来"的非正式员工的年轻人怨不得别人，要怪只能怪他们自己就业不慎。

有些学校甚至将非正式员工和正式员工的终身收入差距以数据表格的形式展示给学生，对他们进行威胁性的教育。"你当了零工族，就只能过这么悲惨的生活！"但是，因为用工方在不断提高非正式用工的比例，不是所有的年轻人仅凭个人努力就能当上正式员工。围绕不断减少的正式员工的岗位，残酷的竞争无法避免。"无论如何都要当上正式员工"，年轻人所背负的重担超乎我们想象。放眼现在的大学生，从入学到毕业的 4 年时间几乎都耗费在找工作上，甚至很多学生从大一开始就为了找工作而忙于志愿者活动、企业实习、参加国家资格考试等。

---

〔4〕指企业按照员工服务于本企业的工龄计算薪资的方式。

上面简介了吸血企业的"史前时代"，接下来我想谈一谈吸血企业和我自身的关系。早在2005年我还是大学生的时候，就已经有很多针对年轻人的胁迫性言辞在我的身边造成影响。当时还在中央大学法学院学习劳动法的我，对于"一定要当正式员工"这一胁迫性言辞产生了强烈的抵触感。因为，明明是整个财界和政界都嚷嚷着增加非正式员工很有必要，热烈讨论着放宽相关限制的政策，并将其付诸实践，才造成这一恶果。对于我这样一个学习劳动法和劳动政策的学生来说，年轻群体的非正式用工扩大问题绝不仅仅是"年轻人的劳动意愿所造成的"，这是一个不言自明的事实。

因此，我于2006年和几个志同道合的同学一起建立了名为"POSSE"的NPO，开始从年轻人的视角出发调查劳动问题并接受劳动咨询。我做这些活动的原动力，正在于因零工族群体的扩大和政策论点错位所产生的强烈危机感和愤怒。建立NPO后，我受理了超过1500起劳务和生活咨询，并进行了大量调查活动。

之所以在接受咨询之外还做调查，是因为我不想让在咨询中接触到的一个个案例仅仅止于"这是悲惨的事例"这样的结论。对于社会和年轻群体而言，某个案例是否属于具有代表性的事件，又具有多高的重要性？如果只看个案而不看整体，这些问题的答案就无从得知。

但是，从我接受咨询的内容来看，年轻群体的主张通常局限于"揭发"吸血企业。比如，日本社会曾有一股年轻人运动的潮流，主要由求职受到泡沫经济崩溃影响的"失去的一代"构成。据他们说，他们的求职受到泡沫经济崩溃的影响，是"吃亏"的一代。但是我们翻看统计数据就会发现，这一代人之后的年轻人的雇佣状况并没有改善，所以所谓"吃亏"的也并非只有这一代人。泡沫经济的崩溃仅仅是日本社会发生变化的开端而已。"失去的一代"的"揭发"吸血企业虽然客观上确实起到了促进全社会思考的作用，但因为其仅停留在"揭发"的高度，没能在社会上造成更大、更广泛的影响。因此，我试图通过 NPO 的活动将咨询和揭发中具有代表性的内容提升到社会问题的层面加以考察。在这个意义上，本书所探讨的吸血企业问题也属于"社会问题"的一部分。

与吸血企业不期而遇

本书探讨的吸血企业问题，是在考察构成上文提到的年轻人雇佣问题的脉络中提出的新问题。因为吸血企业的受害者，主要是企业的正式员工。经常伴随吸血企业一词一同被提及的是超时劳动和霸凌等职场问题。从年轻人雇佣问题的角度来看，哪怕当上正式员工也并非拿到了"铁饭碗"，这才是让吸血企业问题警钟长鸣的意义所在。

吸血企业这个词诞生于网络，取材于反映 IT 企业超时劳动现象的电影《我在一家吸血公司上班，已经快撑不下去了》，这部电影于 2009 年上映之后在社会上引起了强烈反响。

就我的观察来看，吸血企业这个词在年轻人中流传开来应该是在 2010 年年末。之所以这么说，是因为从 2010 年之后，我经常从正在求职的大学生那里收到诸如"虽然拿到了录用通知，但据说这家企业是吸血企业，所以心里非常不安"之类的咨询。2010 年以前，我从未收到控诉某家企业是吸血企业的劳动咨询。而 2010 年以后，这种咨询呈现出快速增加的势头。

当 2010 年我意识到吸血企业这个词的普遍影响之后，自然联想到一个非常重要的事件，那就是在雷曼兄弟破产事件之后的 2009 年 2 月、3 月，我开始收到大量来自年轻正式员工的劳动咨询。此前，来自非正式员工和正式员工的咨询人数并没有很大的差距，情况也都很严重，但 2009 年之后，我在咨询中察觉到年轻正式员工的待遇发生了变化。我切身感受到，这些年轻正式员工正遭受"用后即弃"的对待。也许这些正式员工所在企业的用工方式早已发生变化，只不过曾经被经济虚假繁荣所掩盖。而这些变化所产生的影响以雷曼事件的发生为契机显露出来。

这个时期我收到的咨询都有一个共同的特征，那就是几乎全都来自应届毕业生。给我留下深刻印象的是，尽管每个案例中的用工企业都存在大量严重的违法行为和对员工肆意霸凌的情况，但几乎所有前来咨询的年轻人都不停向我表达"是我自己不好"。

这些咨询反映了吸血企业用工问题的严重性。由此可以看出，吸血企业用工问题和传统的劳动问题性质最大的不同之处在于，它反映出劳动者对于企业异常的服从，以及企业对劳动者施加的人格破坏。

IT 企业 Y 公司的事例——霸凌和彻底服从

在这里我介绍一个 2009 年接到的令人印象深刻的咨询案例。

Y 公司是一家位于东京市内拥有近千名员工的 IT 咨询公司。现在来看它完全可以被称作吸血企业。虽然名曰"咨询公司"，但实际上其 IT 咨询业务只占业务总量的不到一成，真正占大头的，是将员工派驻到客户现场从事 IT 外包的劳务派遣业务。根据官网介绍，这家公司的注册资本约 1 亿日元，销售额约 90 亿日元，在 IT 圈内也是一家有名的成长型公司。

我接到其相关的第一桩咨询，是在 2009 年 3 月。咨询者 A 先生是 2008 年 4 月才刚刚入职的应届毕业生，前来咨询时公司领导正逼着他离职。据他说，公司每天都以"谈话""辅导"为名对他施加压力，有时时间长达数小时。咨询者本人善意地认为这是公司为了帮助自己成长而采取的措施，然而在旁人看来，咨询者的心理已经处于异常状态。他咨询的主要内容，也并非指向公司进行的霸凌行为，而是"如果真的同意离职，辞职理由就需要写'因个人原因离职'，这样享受不到失业保险怎么办"。

在这种状态下，我受理了 A 先生的咨询。我感到首先有必要让他意识到自己正在遭受来自公司的霸凌这一事实。在进行咨询的过程中我逐渐了解到，在 Y 公司中和 A 先生有着相同遭遇的应届毕业生还不止他一个。没过多久，他的两位同事也到我这里咨询。当时所有找到我咨询的人，全都是 2008 年 4 月入职的应届毕业生，而且全都是作为正式员工入职的。除了他们，半年后又有几个 Y 公司的员工找到我。最终，来自 Y 公司的咨询者达到了 7 人。很显然，Y 公司在社内进行了有组织的逼迫离职行为，其组织之周密和手段之狠毒令人印象极为深刻。

在综合了多名咨询者的描述后，我还原了这家公司内部的情况。首先，让我们看看最为典型的 B 先生的案例。

B 先生在完成了新员工培训后，受到了派遣客户的投诉，内容是"沟通能力不足"以及上班时间在机房里"唱歌"，被客户企业解约（其实服务器机房内冷却风扇的噪声极大，外面不太可能听到里面小声哼歌的声音）。解约后，B 先生一直没有找到新的派遣客户，在公司内遭受了以逼迫离职为目的的"辅导"。

在公司内部，将处于找不到派遣公司状态的员工称为"Available"（空工）。对于公司来说，处于空工状态的员工就是公司的"成本"。在英语中，Available 原本的意思是"可用的，有空的"。而在这家公司，却被极端负面地扭曲为"原本可以被派遣到客户那里为公司创造利益，但现在完全不能为公司带来任何利益，反而会带来成本，造成赤字"的意思。原本让这些被视作会"带来成本"的"空工"员工重新找到客户并为公司带来利益的"员工辅导",在这家公司却变成了逼迫离职的手段。

B 先生每天都被叫去"辅导",每次或遭受长达两小时以上的拘禁和训斥,或被布置"任务"。"没有人信任你""没有适合你的工作""你做人从根上就是有问题的,公司养你,你要知道感恩""把你的自卑情结和自己的过去全写出来!好好想想你生下来之后都做了些什么""你不好好改一改自己的价值观,就只能当个废人""我要给你重生"……这些话,全都出自负责辅导他的领导之口。

2009 年 7 月,领导布置给他一个任务,让他向街头的流浪汉请教"何谓工作"并总结成报告。领导告诉他,这是为了让他改善"做人问题"的措施之一。虽然他本人觉得既然自己有缺陷,去改一改倒也无妨,但据他的同事说,自那以后,他看起来"像是渐渐丧失了自信,有时会一脸哭相地愣在那里"。他本人也表示,渐渐开始相信自己根本就是个"没用的人"。就在这个月,他"因个人原因"提出了离职。

如上所述,B 先生和 A 先生面对公司的霸凌行为,基本上都认为是"自己不好"。甚至可以说,吸血企业用工管理的特征之一，就是蓄意营造出让员工对企业心存愧疚的公司内部环境。这一现象的背景，是员工对于企业的极端服从。

在这家公司里，12 年前创办了公司的社长拥有极大的权力，社长之下的执行董事、销售员，加上负责管理的系统工程师和咨询师有 900 多人（这部分人员因被派驻客户公司工作也被称为"外派员工"。B 先生也是其中之一）。销售员因能为公司带来销售业绩，会被赋予很大的权限，可以像老板指挥自己的员工一样去管理自己手下的外派员工。外派员工被派遣到哪里，工资和薪资变动的高低，全部由他们头上的销售员一手掌握。外派员工之所以不得不对公司极端服从，正是因为销售员（也就是他们的顶头上司）手中掌握着极大的权限。

员工会认为"自己不好"的另一个重要原因在于异常残酷的职场统治。在公司里，职场霸凌行为和逼迫离职行为泛滥，很多员工都眼睁睁看着自己的同事被逼上了辞职的道路。其中一个找我咨询的员工提到，"我们每天都生活在恐惧之中，都担心下一个会不会就轮到自己。公司里每天都充斥着紧张的氛围"。2008 年招来了200 多个新员工，不到两年时间就有一半以上的人离职。其中最令人印象深刻的是受到严重职场霸凌的 C 先生的案例。

C先生在新员工培训后被分配到了销售部担任社长助理一职。所谓社长助理，工作内容其实仅仅是处理社长的杂务。进入销售部两周之后，他被公司以"念念不忘咨询师的职位，太过注重自己的外表，所以工作太拖沓"为由，被迫每天穿着灰色无花卫衣出勤工作。只要被叫到，哪怕是休息时间也要立即跑到社长、副社长身边，替他们办杂事。所谓杂事，就是接送社长、替社长拎包以及带副社长家的宠物散步之类的。

C先生的工作不仅仅是杂事，还要负担副社长主管的劳动管理部门的部分工作。他的日加班时间高达5小时，努力处理每一件工作，但社长和销售员对他的训斥却从未停止过。领导说他"没有眼力，不会做人"，对他进行长达数小时的逼问，让他反省为什么"不会做人"。在长期加班和领导霸凌的折磨下，就连别的部门的人都说C先生"日渐消瘦、面如死灰，表情僵硬"。

最后，C先生实在干不下去，在入职3个月后"因个人原因离职"。

"应届生就是成本""做人有问题"的训斥

破坏人格的暴力言论等异常霸凌行为之所以能够在这家公司内横行霸道，是因为公司内部通过恐怖手段支配员工的行为已成为常态，并且这种常态被以公司价值观的方式牢牢加以固化。公司内的这种价值观，仅从人事部执行董事在入职典礼上的讲话就能看出其中的端倪：

> 你们现在就是人渣。可能我这么说你们会不服气，但刚刚步入社会的你们，就是一无所知的人渣。为什么？因为你们现在没有一个人能给公司带来利益。
>
> 对于追求盈利的企业来说，成本就是罪。不能给公司带来利益的人拿工资，就是犯罪！所以我说你们就是白拿老员工挣来的钱的人渣！
>
> 你们要抓紧一切时间，从人渣变成人，然后成为能够生产价值的人才，为公司贡献价值。

这些话，都出自执行董事之口。新员工们入职第一天就被告知"应届生不受欢迎"，然而对于他们来说，真正残酷的新人教育还在后面。在新人教育中，他们会被彻底灌输执行董事口中的"成本是罪"的价值观。

在培训中，公司会给新员工们施加极其繁重的任务，通宵工作也是家常便饭。有时，他们甚至会在下班一小时后突然接到第二天早晨必须提交的"作业"任务，但这时培训场所都已经关门了，他们只好聚到同事家里一起工作，第二天早晨去上班的时候甚至一夜都没有合眼。除了完成作业，他们别无选择。新员工们被分到由数人构成的小组，以这个小组为单位来完成作业，组员们有责共担，实行连坐制度。据说之前就有过因为一个人没有完成作业，全组成员全都被罚站着工作的情况。据一位年轻员工说，"培训期间每天的平均睡眠时间大概只有不到3小时"。

像这样，在肉体受到摧残的同时，公司在精神上的压迫也从不间断。负责培训新人的、入职第二年的前辈员工不断重复"应届生就是成本"。这位负责人表示，"应届生一来就是成本，对公司来说就是赤字。占用老员工的时间，就是增加成本。希望你们不要增加成本"，"应届生就是公司的赤字，你们的工资是从销售和老员工的利润中拿出来的。所以你们才能活着"。有一个新人被培训负责人命令"拿出成果"，于是他将培训的成果总结成报告交到人事部，却被人事部的人斥责道："所谓成果是给公司带来的利益，你们毕业生差到了连这都不懂吗？你做人有问题吧！"

新员工们每天都遭到"应届生就是成本""做人有问题"这样的训斥，自身价值受到否定，暴露在睡眠不足和语言暴力的环境下，无论精神还是肉体都被逼到极限状态，被"不赶紧成为能够产生价值的人，就要永远被当作人渣对待"的恐怖情绪所支配，无法自拔。他们逐渐养成了不眠不休也要完成公司下达的任务、对领导绝对服从的习惯，并被深深植入"成本是罪"的价值观。在这个企业中，新人培训恐怕是将员工转化为"奴隶"的最重要的手段之一。但是对于新员工们来说，繁重的劳动和重压下恐怖的日子只不过才刚刚开始。

通过霸凌行为"高效劝退"

结束培训的新人们被分配到各个客户那里，而等待那些去向迟迟定不下来的"空工"员工们的，是无情的"逼迫离职"。最先找到我咨询的 A 先生毫无疑问就属于这种情况。

A 先生找不到合适的客户，和其他处于空工状态的员工一起在培训室自习，等待工作安排。陷入慢性"空工"等待状态的 A 先生被销售员当成了"没用的包袱"，安排他和人事部的执行董事面谈。这个执行董事专门负责"员工辅导"，已经成功逼迫很多员工离职。在负责"员工辅导"的执行董事的指示下，为了"改正问题"，也就是"改善领导口中的做人有问题的部分"，A 先生遭受到了众多名为"改善计划"的霸凌行为（关于这点将在下文中详述）。其中最典型的，就是和 C 先生一样被强迫穿着灰色无花卫衣出勤和工作（在这家公司，曾经一度有 6 个人同时穿着卫衣工作）。此外，还对他说"你没有为公司贡献利益"，逼他"自己找活儿干"，直到他自己主动说出要去"打扫厕所""给老员工擦鞋"。领导还说他"日语有问题"，让他在周末等休息时间做了几十本中学生的国语习题。

最后，A 先生无法忍受在公司受到的虐待，"因个人原因离职"。

在这家公司，有很多员工都经历了和 A 先生相同的遭遇，被迫离职。据他们说，这种通过辅导的方式来逼迫员工离职的行为被称作"出局辅导"。令人惊讶的是，在这家企业里，"出局辅导"竟然已经演化出一套高度系统化、效率化的解决方案。被辅导的受害者通常会经历四个阶段的折磨，最终被逼迫辞职。

展开"出局辅导"的第一步，通常是对因业绩不好或项目冗员造成的"空工"员工进行所谓"培训"。处于空工状态的员工并非真正无事可做，而是会集中在公司的自习室内自习或接受培训，一边实行"改善计划"一边等待被分配到新的项目里。也就是说，处于"空工"状态的员工和其他员工一样处在公司的管理之下。但是，"空工"时间越长，他们就越会被当作包袱，来自销售员的管控就会越来越严厉，受到的训斥也会越来越多。一位前来咨询的员工告诉我，他在持续"空工"的时候，被领导要求每个小时都要去汇报自己手头的工作，在公司的时候，哪怕是深夜时段也会收到销售员的讯问（他最终也被迫辞职）。

如上文所述，销售员们就像其他公司管理个人外包一样管理自己手下的外派员工。他们掌握着手下外派员工的分配、薪资水平、调薪率等权限。外派员工们带来的利益会被算作销售员的业绩。同时，一旦他们处于"空工"状态，他们的"成本"（也就是赤字）就会被公司从销售员的业绩中扣除。在成果至上主义的要求下，销售员们甚至会不顾工作内容地将手下的员工安排进项目，而一旦他们沦为"空工"就会毫不留情地将他们赶走。

接下来，如果销售员的逼问和培训都没有奏效，员工的技能没有明显提升，国家资格考试也没有通过，或者单纯因为项目衔接造成了持续"空工"，领导（销售员）就会断定这个人"没有用"，同时要求负责人事的执行董事对其进行"辅导"。也就是说，"出局辅导"的第二步是销售员赶走"空工"的同时将其交接给负责"辅导"的执行董事。可以看出，领导的训斥根本不是为了教育员工，而仅仅是逼迫员工走向离职的开端，这就是接受"辅导"的入口。

"出局辅导"的第三步主要在一间四面均为玻璃的会议室中进行。整个楼层的员工都对会议室中发生的一切一览无余。会议室中只有员工和领导两个人。领导首先会十分亲切地询问员工从小到大的人生经历。然后，他会反复询问员工人生中的失败经历并逼迫他进行反省，同时不断地让员工进行自我否定。假设被叫到会议室"辅导"的员工曾经有过高考复读的经历，那么领导一定会询问他复读的原因。每当领导逼问出员工曾经有过的心理阴影，就会叫他反省为何曾经失败，将员工一个人关在会议室中思考数十分钟甚至数小时后，再次询问他曾经失败的原因。然后，会让员工再次一个人思考。

通过将员工关在透明的会议室中，并要求其反复回忆曾经的心理阴影，使其陷入强烈的自我否定情绪之中。

披着"改善"外衣的人格破坏

上文介绍的 B 先生每天都要接受长达数小时的"辅导"，并被要求反省"从小到大都干了什么"，不停接受"从根本上做人就有问题"的指责，直到让他开始真的相信"自己是个有问题的人"。B 先生在被指出"从根本上做人就有问题"后，接受了来自领导布置的各种"改善计划"（实质上是种类繁多的职场霸凌行为）。

接下来，我们来看看 D 先生的案例：

D 先生最开始在一个政府相关的项目中工作。在进入项目3个月之后，由于项目组人员指标缩减，D 先生进入了"空工"状态。

由于 D 先生曾经有过未听从领导指示的"前科"，所以早就被人事部和销售员视为眼中钉、肉中刺。D 先生刚刚"空工"，就被领导要求去接受IT 相关培训和演讲培训。

所谓演讲培训是"改善计划"惯用的手段之一。

在这个培训中，"空工"的员工和销售员围坐成一圈，轮流练习演讲并接受其他人的提问。被要求参加这个培训的并非只有遭到"劝退"的员工，然而却只有"劝退"的对象才会在提问环节遭到逼问和训斥。无论他的演讲内容如何，一同参加培训的销售员都会对其严厉训斥和全盘否定。同时，销售员还会要求一起参加培训的其他员工也进行提问，并催促劝退对象回答。就算他回答了提问，也只会招来更多的否定和新的提问。这样做的目的，就是要在众多同事的面前让其出丑。D 先生在参加这个培训的过程中，也遭到了直属上司和培训师的严厉训斥。

除了接受演讲培训，D 先生还遭受了每天被销售部叫去"辅导"、写悔过书等霸凌行为。

2009 年，D 先生入职不到一年，就被迫"因个人原因离职"。

"出局辅导"的最后一步，是多种多样的霸凌行为。这些霸凌行为被巧妙地包装成帮助员工改善"问题"的"改善计划"。哪怕员工用尽全力去完成领导布置的作业，最终也会无一例外的身心俱疲，选择离职。究其本质，"改善计划"根本就不是为了帮助员工解决问题的培训，而是逼迫公司认为"没用"的员工离职的手段。

"开会"是最具代表性的霸凌行为之一，上文中 B 先生所经历的长时间辅导就是这种霸凌行为的代表。辅导有时甚至会长达 7 小时之久，其间员工甚至无法进食，简直与软禁无异。

搭讪培训、小品培训、性骚扰横行

霸凌行为的种类多不胜数。除了开会之外，还有 D 先生遭遇的成为众矢之的的演讲培训、C 先生遭遇到的杂务"助理"待遇，以及以练胆为名目的搭讪培训（强迫员工在领导监视下，在车站附近搭讪女性）。

新来的外派员工 E 先生受到了老员工的训斥，说他"做人太拘谨，放不开"。为了让他改善"拘谨"这个缺点，强迫他接受"小品培训"，在下班之后将所有新人叫到会议室，让 E 先生在他们面前一个人表演小品。很多员工都在这种以劝退为目的的霸凌行为中自尊心、自信心受到严重伤害，最终不得不选择自行离职。

上述霸凌行为都有一个共同点，那就是无论员工怎样付出、怎样努力，都只会受到无尽的谩骂和否定。可以说这是一整套高度成熟的、破坏人格的方法。这种破坏人格的霸凌行为在公司内盛行，导致员工们无时无刻不在战战兢兢状态中度过，生怕下一个目标会是自己。一个现在仍在这家企业工作的女性员工曾对我表示，她最害怕听到公司发的工作手机响铃，她的领导经常因为一些鸡毛蒜皮的小事就大声训斥员工。比如打电话的时候，只是因为员工没听清他说的某一句话而反问了一句，他就立即怒火万丈。正因为她知道只要电话一响就会遭到训斥，所以才会害怕。员工们因为一通电话而战战兢兢的工作状态在这家公司已经成为常态。

　　在来自 Y 公司员工的咨询中，不仅有逼迫离职，还有多个性骚扰案例。对于"成本是罪"这一价值观的内化通常是和对公司的绝对服从互为表里。"能为公司带来收益"的公司经营层和领导们在公司里的地位如同上帝。这种职场氛围，不仅带来了以职场霸凌的形式逼迫员工离职的现象，还为性骚扰的滋生提供了土壤。一名受害女性告诉我："领导大概以为他可以为所欲为。"（"POSSE"在处理性骚扰案例的时候，一律由女性咨询师接待。以上的内容以咨询者本人自愿同意我同席为前提提供。）

"成本是罪"的内化

年轻员工们每天都目睹无情的逼迫离职、压迫、施虐事件的发生，无时无刻不处在恐惧和紧张之中。但与此同时，他们却又将公司的"成本是罪""能带来利润的人就可以为所欲为"的这种价值观深度内化。换句话说，如果不能接受公司的价值观，就无法在这里稳定地工作下去。

一名女性咨询者在回忆起自己在这家公司工作的经历时向我坦陈，自己确实在某种程度上受到了公司价值观的影响。她的一位同事陷入"空工"状态的时候，领导让这位同事去考新的国家资格证，但他却迟迟考不下来。他每天都被销售部叫走，甚至被迫接受"搭讪培训"。她看到这位同事的遭遇，心里既对公司的做法十分愤怒，但同时又觉得在这家公司里考不下来资格证本来就难免受到排挤，这位同事自身也是有些缺陷的。另一名遭受性骚扰的女员工在告发性骚扰行为的同时，也曾说过为了不占用领导的宝贵时间，即使在向领导汇报被性骚扰的事之前她也会先提炼重点，总结好了再发言。对于她来说，回忆性骚扰的经历本身就是一种巨大的痛苦。然而她在自己心理受创、健康状况不佳的时候，还在试图努力体谅领导，像商量工作一样讲述自己的痛苦经历，这对她来说无疑造成了巨大的心理负担。她之所以这样做，正是忠实履行新人培训中灌输的"占用老员工的时间就是增加成本，要注意不要增加成本"这条价值观的结果。

然而我在这里要说明一点，那就是哪怕在公司内处于较高地位、完全认同公司价值观的人，也不能保证地位绝对安稳。

F先生是一名年轻销售员。他和我在以上介绍的外派员工不同，在公司内的地位相对较高。然而，当他的销售业绩出现下滑的时候，也受到了地位更高的销售员和执行董事的严厉训斥，甚至被强迫剃成秃头，穿灰色卫衣出勤。为了提升业绩，他强迫自己手下的新人和外派员工们在短期内考取多种资格证，如果员工们有做不到的事情就会受到他的严厉训斥，并逼迫了多名员工离职。然而他的这些努力也并没有奏效，最终自己也被迫离职。

通过大量录取、大量离职"过筛子"

在这里我需要特别说明一下Y公司在众多应聘者心目中的形象。尽管Y公司算是一家主流IT公司，但其在应聘者心目中的地位绝说不上太高。在招聘过程中，最受欢迎的是大型传媒、金融、贸易公司和制造商等，这些团体的招聘活动几乎在 4 月至 7 月这段时间就全部结束了。而 Y 公司直到 10 月仍在继续招人。

在找到我咨询的员工中，有许多都是从很远的外地前来应聘的人。还有人对东京的 IT 公司不甚了解，仅凭公司知名度和公司网站的宣传词就进了公司。很多人都是在求职无果后，被持续大量招人的 Y 公司吸收。不用说，应届毕业生的求职市场通常处于供给过剩的状态。这家公司先是大量录用，之后仅留下"有用的人"，把淘汰下来的人全部解雇掉，并不断保持这样的运作方式，这对公司来说才是最划算的选择。他们就是通过这种方式来"筛选"人才。

他们如此行事，也正因为应届毕业生的用工成本是最低的。在进行"筛选"的同时，还可以最大限度地榨干他们作为"劳动力库存"的价值。为了高效"筛选"人才，他们不断地进行霸凌行为，破坏员工的人格，逼迫他们"因个人原因离职"。

这些行为，全部是建立在劳务市场上"替代品要多少有多少"的前提之下。这家公司每年招聘 200 多人，两年后这些人就只会剩下一半。他们通过不断重复这个过程，仅留下最年轻最能为公司带来利益的人。

服装销售行业 X 公司的事例
——超大规模的优良企业中也有大量心理疾病患者

　　除了 Y 公司以外，另一个让我印象深刻的"吸血企业"的案例，是发生在大型服装销售公司 X 公司。我邂逅 X 公司受害者的过程比较特殊。事情发生在 2011 年，当时我作为 NPO 成员在仙台市参与支援"3·11"东日本大地震灾后的重建工作。我刚好也是仙台出身，大地震发生以前就在仙台设立了 NPO 的分支机构，受理劳务和贫困、生活问题等相关的咨询。2011年 3 月地震发生后也一直坚守在当地支援受灾民众。

　　当事人是主动报名参加我们的志愿者团队中的一员。她在辞去工作后，曾在一些 NPO 中短期工作过一段时间，后来对我们这种由年轻人构成的 NPO 志愿者组织产生了兴趣，就主动联系我们并报名参加。收到她的联系并见到她后，我觉得她是一个非常善于行动、十分擅长沟通交流的人。闲聊间说到了她工作辞职的事，她上一份工作竟然是那家超大规模号称跨国企业的服装销售公司 X 公司。我了解到，她辞职的原因是心理疾病，而且病因来源于工作中的种种遭遇。

　　由于我有过受理 Y 公司员工咨询的经验，对这种用大量招聘应届毕业生，并对他们进行"用后即弃"式压榨的做法十分了解，却没想到 X 公司竟然也在进行类似的勾当。我询问她还有没有其他人也因为类似的原因辞职。她告诉我，就她所知，和她一起入职的人中，一年之内就有将近一半人辞职。他们几乎全都是因为心理疾病原因辞职的。

X 公司是一家超大型的知名公司，在人才市场也很受求职者欢迎。这样一家公司的新人，竟然连续因为抑郁症而辞职。她和她同一年入职的同事，都是知名大学毕业的高材生，他们一定是满怀对未来的憧憬才进入这家公司的。这样一家规模超大、经营状况良好的公司，为什么也会出现这么多因心理疾病而辞职的员工呢？我尝试着询问她，能不能联系到和她一起辞职的同事，好弄清楚在这家公司中究竟发生了什么。最终我通过她接触到了 10 名曾在这家公司工作过的员工。以下我将以他们的讲述为背景，重点介绍 A 女士、B 女士和 C 女士三人的经历来重现这家公司的内幕。

求职时是"精英"

首先我们需要了解一下，应聘 X 公司的主要是怎样一个群体。本文中介绍的 A 女士、B 女士、C 女士都是同一年进入公司的。我询问了她们的求职经历，A 女士表示她投出去的简历应该还不到 20 份。在毕业生投简历普遍超过 100 份的现代社会，光从这一点就可以证明 A 女士是属于毕业生中的"精英"了。

有以上背景的 A 女士对我说："这家公司招聘时，面向文科专业的岗位一半以上都是销售。当时我考虑到要是当销售的话，产品最好是与最基本的生活需求相关的领域。X 公司主要经营'衣食住行'的'衣'，而且他们的产品经得住市场检验，可以挺胸抬头放手去卖。另外这家公司比较重视个人实力，入职之后还能自己选择在总部工作还是去国外分公司工作，这几点对我来说十分有吸引力。拿到 X 公司的录用通知时大概是 4 月份，在那之后其他公司的录用通知我就都推掉了。"

从 A 女士的讲述中我们可以了解到，X 公司是她在拿到多家大公司的录用通知时的首选。同时，从 X 公司在 4 月份就发出录用通知这点我们可以看出，其职位在招聘市场上是相当受欢迎的。这说明他们有自信毕业生们哪怕同时收到其他公司的录用通知，也有很大概率会选择自己的公司。

B 女士的情况也是类似。她对我说："我投出去的简历大概不到 30 份吧。我喜欢和人接触，所以首选的是窗口行业和服务行业。我选择 X 公司的理由主要是他们的服务水平很高，还能得到相关业务的培训。录用通知大概是 5 月初黄金周快结束的时候来的。"拿到录取通知后，她也早早就选择了 X 公司。

外语熟练的 C 女士在择业的时候主攻跨国公司。"我的第一志愿是贸易公司。因为一心想去国外工作，所以主要投了贸易公司和海运公司。简历投了大概 30 份吧。最后收到了两家的录用通知，其中 X 公司因为有作为跨国企业的知名度，所以最终选择了他家。"

从她们的经历我们可以看出，X 公司凭借跨国企业及知名企业品牌的优势，从人才市场上招聘到了大量优秀学生。然而，她们又为何会罹患抑郁症，最后被迫辞职呢？我对于 X 公司的疑问越来越深了。

"宗教"一样的新人培训

继续问下去，我从这家公司对刚入职新人的培训方式看出了异常的端倪。"公司从 3 月 1 日起开始新人培训，我只在大学毕业典礼当天才请了一天假""不仅毕业旅游没去成，就连春假都没有休息"。据说公司这样操作是为了让他们在 5 月份的黄金周假期这一销售节点马上就能进入一线工作，但实际上在服装销售行业这种做法并非惯例。

3月第一周的培训完成之后，公司在4月初、5月初、黄金周结束后也同样都安排了培训，每次大概3天到4天。培训的内容通常都是从"教会员工正确的礼仪"开始。

"首先是教我们礼仪，比如鞠躬、打招呼的方法。培训经常因为有人听讲的姿势不好而中断，还经常有人因为细节做得不好而受到指责。比如'为什么不坐正了面向发言的人？''离开的时候桌子周围要整理好！'之类的。"来向我咨询的人表示，公司的培训"简直就像宗教一样"，就连姿势、表情、举手的方法等也全都有详细的要求。

身为当事人的员工们认为，公司的培训内容已经超出了接待顾客时应有的礼节范畴。比如，就连进入休息室时打招呼的声音大小这种细节都会被讲师提醒。"我们进入房间之前要敲门，说'打扰了'之后才可以进去。然而就算这样还要说我们做得不到位，要重来。"在走廊走路的时候，需要"挺胸抬头，将注意力集中到脚尖上，笔直地往前走"。

不仅如此，从培训地点走去食堂，要排成一队。"我最吃惊的是第一天培训结束，洗过澡之后，公司要求我们穿上公司统一发的衬衫。我们培训的地方是个普通的酒店，除了我们之外，还有其他客人呢……"

除了对员工的行为进行彻底管理之外，他们还要求员工必须熟记公司的企业理念和基本方针。"入职之后公司给我们布置了'作业'，要求我们在培训之前必须熟记这些（企业理念等），在入职典礼之前还有考试。还把我们分成小组，挨个背诵。小组背诵还是连坐制的……"如果小组有人两三个小时都还背不下来，第二天也得继续背，一直背到熄灯，背到场馆关门。有人受不了这种背诵培训，就直接辞职了。

"每个小组大概 6 个人，哪怕有一个人背不下来，所有人都会被判不及格。我们小组有一个同事，来的时候没有背下来，结果她被逼着在所有人面前哭着说'请大家给我一点宝贵的时间'，简直太让人难过了。最后不到一个月她就辞职了。"

"我入职培训的时候，有个小组也有一个人没背下来，最后整个小组的人都不能睡觉，陪着那个人一起背。好像还有的组因为有人没有事先背下来起了冲突……"

"我培训的时候，公司说我厕所用得太脏，其实就是洗手的时候，水溅到了洗手盆周围，被说这样溅到水盆周围的水脏……公司让我们每人都带一条抹布。负责培训的人问我们，所有中途休息时用过厕所的人，看到手盆上有水渍难道心里什么都不想吗？还说我们'欠缺灵敏度'之类的，总之就像故意等着我们犯错然后找茬一样。"

在培训中，公司对员工在精神方面不断地进行以上指导。其中，"灵敏度"这个词被反复提及。此外还有，举手的时候"姿势不好看、脸上没有笑容的，就视同没有举手"之类的。

培训刚开始的时候，很多毕业生还对这种培训心存怀疑，但随着时间推移，大多数人都"逐渐适应"了。据 A 女士说"能够适应公司管理层风格的人多少还舒服一些。那些无法适应的同事就很难办了。我后来也逐渐适应了，培训老师提问话音刚落，我也跟着其他人一起抢着举手……"

这种培训，目的何在呢？

从第三方的角度来看，此类培训的目的似乎并非提高职业素质，或教授职场必要的礼仪。甚至令人怀疑，其目的主要是让员工彻底服从，并"筛选"出能够接受其规训的人。最能够证明这一点的，是培训过程中经常出现大声训斥等高压行为。然而最让参训员工感到不知所措和精神压力的，并非语言暴力本身，而是不知道自己为什么受到训斥。B 女士表示："最让人难受的不是讲师说话难听，而是不知道他们会在什么时候发脾气。"同时 A 女士也对我说："讲师经常为一些特别琐碎的事情大发脾气，我们都觉得这人发脾气的缘由让人有点捉摸不透。"尽管如此，B 女士还是表示，她感到"和自己一起入职的同事都开始被公司的思维方式改造了"。

随着培训的逐渐推进，一起入职的同事越来越少。最开始与她一起培训的同事还有 40 余人，但培训进行到了 5 月份时就少了 6 个人。

很显然，公司在招人的时候已经考虑到了培训过程中离职的人数，培训的目的其实只是检验员工忍耐能力而已。能够忍受培训并留下来的人，将会被改造成为对公司极度顺从的员工，而无法忍受的人则只好黯然离去。他们离职的原因，不仅仅是因为培训过程中的压力，还有在店面工作过程中所遭受的折磨。

"自我提升""半年升店长"的重压

员工在店面工作的过程中，X公司还对他们施加了苛刻的"自我提升"的重压。A女士回顾自己在店面的工作经历时提到，"我早晨提前30分钟到店里上班，却被店长训斥说到岗太晚"。当然，"卡着点上下班肯定会被骂"。哪怕工作时间内认真工作，领导也会说她"眼光太低"。

所谓"自我提升"，其实就是背诵店铺的运营手册。然而店铺的运营手册属于公司机密，为了在家复习，需要在公司里抄写下来才可以。尽管这种方法明显不够高效，但据前来咨询的员工们说，X公司真正关心的并非这份资料是否会被泄露出去，而是考验员工"是否有毅力，是否真正忠于公司"。

但是，所谓"自我提升"的过程实在太过残酷，我们甚至不能将其简单概括为一个"低效率"的问题。"运营手册的内容实在是太多了，根本抄不过来。于是同一年入职的同事之间就想办法你抄一页，我抄一页，然后互相分享。"

不光是工作日，就连周末和假期他们也不得不进行"自我提升"。公司每周都会进行关于运营手册内容的小考，A 女士说她"每天回家之后至少都要学习两个小时。每逢周末、假期，都会去图书馆背上整整一天。周末两天时间，一天去图书馆学习，另一天在家睡觉，完全没有时间做属于自己的其他事情"。B 女士也说过"入职后的半年培训期压力特别大，头一天学的内容，第二天就必须做到完美""5 月培训结束之后，我的加班时间越来越多，基本上每天都是从早 9 点工作到晚 9 点。如果算上自我提升的学习时间，早晨 7 点就要到公司……"之类的话。总之在 X 公司，员工需要在极短的时间内背熟运营手册，以极快的速度成长为公司的"战斗力"。

X 公司的口号是"新人半年当店长"，培养人才的过程十分残酷。这是一家在全世界开设分店的，处于高速成长期的企业。他们以极快的速度将应届毕业生培养成店长，从他们之中"筛选"出能为公司所用的人才，分配到各个分店。这家公司将员工入职后的前半年称为"人才培养期"，将有潜力的员工优先提拔为店长。也就是说，在他们看来，半年当店长是再稀松平常不过的事。反之，如果半年之内无法出人头地，在公司内就会面临惨遭淘汰的命运。

X 公司每半年会进行一次人事评估，以此判断员工是否能成为店长。如果新人在 2 年之内的 4 次评级中无法评上店长，就会被降职为普通员工。而店长也分为 5 到 6 个级别，顺利升级的话，就能获得去国外分店或是去总公司任职的机会。

反过来说，如果不绞尽脑汁升为店长，想要留在公司都会成为一件难事。"4 次考核失败之后虽然会被降职，但其实也就是回到原点，和刚开始一样，重新朝着成为店长的目标努力。感觉公司里有一种氛围，就是不想当店长的人都应该滚蛋。实际上，好多人都因为降职而辞职。"也就是说，遭到降职的人会被公司抛弃。

公司从 3 月开始培养新入职的员工，他们都是"人才培养期"的对象。过了 9 月之后，就是自我提升期。而过了两年之后仍不能成为店长的，就会被公司抛弃。在整个过程中，前半年的压力最大。B 女士入职刚一个月，体重就下降了 5 公斤。公司每个月公布的人事考核结果，都会左右自己能否成为店长。对她来说，这是最大的痛苦。

入职后一直持续的"筛选"

入职之后的员工，实际能够晋升店长的人只有 1/4

到 1/3。没能晋升的人只能在店长不在的时候充当临时领班，从事资金管理等业务，不再享受"储备干部"的待遇。但是对于他们来说，"晋升店长"的压力仍会伴随左右。他们将在半年多的时间里，承受着从忍受这种压力到逐渐不再被公司所需要这样的痛苦过程。

哪怕是企业的正式员工，也逃不掉"被筛选"的命运。只有当上店长，才能算是真正的"正式员工"，剩下的人就只有接受惨遭淘汰出局的命运。在公司里甚至有一种说法，就是"不当店长的人，连踏上起跑线的资格都没有"。这一说法十分明确地表明，就算员工入职之后，"筛选"的过程依旧没有结束。据 A 女士说"入职之后，至少两年之内大家都在为了能真正留在公司而努力。但是在这两年里，大概有一半人会辞职"。由此可以看出，员工晋升店长的过程，同时也是一个企业对员工"筛选"淘汰的过程。

没能晋升店长的人，就等同于要"辞职离开"的人。认为 X 公司最大的魅力是跨国企业的 C 女士表示"我想要尽快去国外工作，店长不过是我个人发展的一环，所以我一开始就在心里定下目标，半年内一定要当上店长，当不上我就辞职。既然不适应 X 公司的氛围就干不下去，那我就决心去适应 X 公司，但后来由于心里的疑问越来越多，所以最终也没能完全适应"。

为了能当上店长，他们的正常生活逐渐荒废，最终走向了崩溃。A 女士对我说："在公司工作的时候，如果是上早班的日子，一大早就得起床去公司学习。如果是上中班，就得在家学习完了之后去公司，一天就这样过去了。我已经长期不吃早饭，午饭基本上是在午休时间去便利店买现成的吃。虽然有时候晚饭我也自己做，但是如果回家太晚，实在是没有精力下厨，就随便吃点糊弄一下。升职考试之前，就去 24 小时营业的西餐厅复习，要到很晚才回家。"B 女士在回忆起在 X 公司工作的经历时也表示"公司是每周五才公布下一周的休息日，这样我们的休息日就变得很没规律，根本没办法事先定下来计划要做什么事，所以休息日基本都过得十分无趣"。

　　尽管如此，A 女士仍然对我说"我觉得当时我还算比较轻松的"，"听一个和我同一年入职在九州分公司工作的同事说，她当时就像被店长软禁了一样。因为公司员工是一起住宿舍的，所以店长从早到晚一直盯着她学习。因为按照公司规定，如果能将新人在半年之内培养成店长，就可以算原店长自身的工作业绩，也能受到公司肯定，所以好多人真的不惜一切代价来提升对自己的评价。当时我的领导也对我说过'我的奖金全看你的表现了'"。

正因为 X 公司的这种氛围，造成公司内不断发生性骚扰、职场霸凌事件。据她们说，本地区的一个领班就曾因为性骚扰行为被公司解雇。在"筛选"员工的同时，公司领导可以对部下行使极高的权限，这是 X 公司和 Y 公司的共通之处。

内心被痛苦吞噬的瞬间

员工在入职 X 公司的头半年时间里，常常会承受其他人无法想象的重压。大部分人一开始都试图去适应公司的机制，而就在他们绷紧每一根神经下决心辞职的瞬间，才发现"原来自己并不是一定要成为店长"。那一刻突然感到自己所经历的一切痛苦全都失去了意义，以前咬牙忍受的一切全都像汹涌的洪水一样吞噬掉他们的内心原有的憧憬。

A 女士辞职前被分配到一家位于乡下离车站又远的分店。那家分店的店长也是女性，她从早到晚都在店里，这就使 A 女士也没办法按时回家。店长经常挂在嘴边的话是"活儿干完了吗？没干完就想回家了？"所以 A 女士每天在岗时间要超过 14 小时。不仅如此，店里的工作结束之后还经常要陪店长和另一个员工一起吃饭，讨论"今后分店要怎么发展"的问题，一谈就是一两个小时，回到家经常是过了零点。就这样每天的生活就只剩下了工作。以下是她的话：

　　每天工作都排得满满的。我最讨厌干的，就是改变卖场配置。店里每周一都会上新款，需要改变卖场的陈列配置，我负责制订计划并布置工作。晚上10点下班之后，我就一个人去西餐厅或快餐店，通宵进行准备。每周日我都是晚班最后一个走，而周一又是早班第一个到。周日晚上如果要做陈列计划的话，最多也就能睡上一两个小时。这真是最让人头疼的活儿了。

　　那段时间相比起我在上一家分店工作时，无论是在家的时间还是与朋友相聚的时间都少了很多，而且还经常把干不完的工作带回家做。时间长了，我开始怀疑我为什么要这样工作。虽然心里还有要当店长的想法，但看到店长在上班的日子从早到晚都在店里盯着，休息日也基本都会来店里，又听她说，不上班的日子除了睡觉就是跟她以前的同事出去玩，我感觉她生活的圈子实在是太狭窄了。她当上店长已经4年了，看到她的生活，我觉得继续在这家公司干下去，我自己的圈子也会越来越狭窄，如果当上店长之后的生活是这种状态，那这店长还不如不当了。产生这种想法之后，我的劲头一下就消失殆尽了……

从那之后，我上班的时候就经常发呆，早晨也起不来床，到店里之后经常想不起来自己要干什么，有时还会忘记店长布置的工作。我感觉自己的精神状态不好，就跟一个已经辞职的朋友商量，朋友建议我尽快去医院看看。我去医院，医生建议我赶紧请假，并建议我请3个月假。我觉得根本休不了这么久，但我还是跟领导问了一下，能不能请两天带薪假再连上一个周末，休息三四天也行。毕竟自从开始在这家分店工作之后，我一直没有连休，连出门的机会都没有，也没办法调整心情。

但是，店长却告诉我不可能让我休息。我觉得我都说我身体不好了，怎么连带薪假都不能请呢。然后我又跑去医院，说我要请假，让医生给我开了诊断证明。我把诊断证明给店长看，店长让我从明天开始休息，先办了停薪留职手续，这大概是在我入职后7个月左右吧。停薪留职之后我就再也没去过店里，最后直接办了离职手续。

不办停薪留职就不能离职的理由

实际上，据说 X 公司有一个不成文的规定，那就是不先办停薪留职就不给办离职手续。还有很多其他员工也和 A 女士一样，就像生产线传送带上的产品，要首先经过停薪留职这道"工序"，经过一段时间之后才能走到"离职"这一步。这段时间简直就像"冷静期"一样。也就是说员工离职要按照写好的剧本，等到一切"尘埃落定"之后才能离职。

B 女士离职的经历大致如下：

我在职的时候，时常遭受霸凌，一到年末拼业绩的时候，工作就会成倍地增加，每天在岗的时间甚至超过 14 小时。所以，我就产生了想要辞职的想法。感觉就算当上了店长，可能也只是换一家分店而已，这样的生活就算继续下去也没有意义。那段时间，我饮食的倾向也发生了变化，开始喜欢吃偏刺激性的食物。不知为什么，每天都馋咖喱。回到家里也睡不着觉，意志消沉，觉得要是出门能被车撞死该多好啊。被车撞死，就不用去上班了。那时候整个人都消瘦下来。在公司的时候，比如发现前台需要补多少件 M 号的衣服，人还没走到仓库，就忘了是几件。

我把自己的状况告诉了 A 女士，A 女士建议我赶紧去医院看一看。那段时间正好赶上 A 女士也在停薪留职。我去看医生，医生建议我赶紧休息，最好能回老家，安安静静地休养一段时间。我从医院出来，直接拿着诊断证明去公司，跟公司的人说我要辞职。

这里最值得我们关注的是 B 女士的辞职过程。她拿着诊断证明去公司是为了辞职，公司却告诉她"在有诊断证明书的情况下是不能辞职的"。之所以会出现这种情况，原因大概只有一个，那就是 X 公司一定十分清楚，公司里因为超时工作和职场霸凌行为造成员工的健康问题属于违法的"工伤"，并惧怕为此和员工产生劳动纠纷。因此，公司试图通过停薪留职制造一个"冷静期"来规避风险。

不仅如此，B 女士表示，她的地区经理告诉她"不在停薪留职期内把病治好就不能辞职"。医生给 B 女士的诊断是"建议休息 2 个月观察"，所以直到 B 女士休息满 2 个月之后，公司才允许她辞职。治病期间的医疗费，是通过医疗保险中的"伤病补助"和公司的带薪

休假期间的工资来支付的，因此 X 公司实质上没有为 B
女士治疗疾病支付一分钱。

每天睡在地上的生活

让我们看看 C 女士的情况。

　　我工作的第一家分店的店长等级比我高两级，
是那种不骂人、按逻辑来教导你的人，所以我特别
尊重他。后来我被分配到现在这个分店工作，这个
分店的领导，真的是让人特别瞧不起的那种人。他
一直在 X 公司工作，已经彻底被 X 公司的氛围同
化了。并且他只会讨好上级，拿我们当他自己晋升
的工具。他情绪波动特别厉害，有点什么不顺他心
意的事，就把文件扔到我们身上，还会骂脏话踢纸
壳箱子撒气，我们都特别怕他。看着他，我就觉得
我将来一定不能成为他这样的人，而我又不甘心为
他辞职，我努力挺过了前半年……但是我的理想又
是什么呢？我已经看不到在这家公司工作有什么前
途了。

　　那段时间我自己过的也是混混沌沌的，感觉就

是在虚度每天的时光。每天除了工作就是睡觉。最后实在坚持不住就去了医院。我感觉我厌恶一切，经常哭个不停，有时候虽然提前到公司门口了，但就是抬不起腿往店里走，必须要在停车场反复给自己加油鼓劲才行。在这种状态下简直就没办法上班。现在回想起来，当时精神真的是不正常了。晚上睡不着觉，躺在床上一直醒着直到天亮。我还在手机上下了助眠应用程序，听助眠音乐，不过一点用都没有。最后没办法，还是吃了安眠药。

A女士也和她一样，曾在网上苦寻助眠良方。"我早晨根本起不来床。原因当然是因为睡眠时间实在太短了。为了早晨能起来床，我在网上搜索了好多，像'低血压 早晨 起床'之类的关键字。"最后，A女士和C女士全都因为害怕早晨起不来床，每天只好睡在地板上。

"半年升店长"——X公司为了这个目的不择手段地摧毁年轻人。他们这样做，究竟是否具有合理性呢？

无论经济好坏　待遇永远不变

上面我介绍了X公司和Y公司的案例。这两家公司是我认为最能代表"吸血企业"这一定义的例子。

二者的共通之处在于，员工在被公司录用之后也会面临着永远看不到头的"筛选"，以及被迫向公司表现出绝对的服从。不仅如此，这两家公司都属于新兴产业，只要是为了公司自身的发展，它们可以毫无顾虑地牺牲前途无限的年轻人才。而且其恶劣的劳动条件并非源自经营状况不佳，而是为了追求自身发展，并且把这种"用后即弃"式压榨、非可持续性地使用人才的手段当成支撑公司发展的理所当然的条件。无论社会经济状况多好，哪怕公司销售业绩全世界第一，员工的待遇都不会得到改善——"筛选"员工、要求绝对服从的公司理念不会因此有丝毫改变。当然，在这些企业里，对于所谓"正式员工"的定义也和传统企业完全不同。

所以，综合以上事实可以得出结论，就算年轻人作为"正式员工"进入了这类企业，也绝对干不长久。在接下来的几章中，我将对吸血企业这些行为的动机进行分类讨论，但"员工干不长久"这点是所有类别中都能见到的共性。无论企业再多，招工再多，只要它们是吸血企业，我们就不可能看到一个年轻人能安心工作的社会环境。

吸血企业就像是"破坏工厂"，对于这些企业来说，毕业生、年轻员工的劳动成本极低，又是取之不尽用之不竭的库存资源。大量招聘、大量辞职的员工就像被送入这个"破坏工厂"的毁坏性循环工序的传送带上一样，身心饱受折磨，人格遭到破坏。只有在人才资源供大于求的情况下，吸血企业这种劳务管理模式才能成立。也就是说，"不断有可以用来替换的年轻人进入"是吸血企业存在的基础。

在当今社会，年轻人从小就被灌输"当正式员工才是唯一的出路"这样的理念。但对于他们来说，毕业后如果进入了吸血企业，哪怕是经过激烈的竞争战胜千军万马、闯过"独木桥"当上了正式员工，也绝不意味着获得了稳定的生活并可以保证自己的未来。这一现状对于他们来说实在是太过残酷了。可以说，吸血企业的问题，是贫富差距问题，从非正式用工和正式用工的分化逐渐发展到包括正式员工在内的年轻人整体的雇佣问题。

下一章，让我们看一看年轻员工被吸血企业夺去生命的案例。

第2章 将年轻人逼上绝路的吸血企业

近年来，年仅 20 多岁、刚入职不久的正式员工去世的事件时常见诸报端，其中不乏发生在知名企业甚至政府机关的过劳死案例。可以说，求职者哪怕找到了一份令周围人羡慕不已的工作，也绝非拿到了人生的"铁饭碗"。

虽然"忍气吞声"是很多过劳死、过劳自杀者家人唯一的选择，然而我们仍然能从极少数由法院判决和新闻报道揭露出来的案件中窥探到事件的细节。在本章中，我将通过介绍一系列案例来揭示这些年轻人是如何失去生命的。这些案例并不特殊。在我平时受理的咨询中也不乏性质相似的情况，区别仅仅在于这些咨询者没有失去生命而已。

① 天气新闻公司——录用后仍须"预选"

天气新闻（Weather News）公司是日本国内规模最大的气象服务提供商。我们在手机和电脑上能看到的天气预报信息大部分都是由这家公司提供的。2008 年发生了一个让人极为悲痛的事件，这家公司有一名刚刚入职半年的男性员工自杀。他当时年仅 25 岁。

员工的遗属要求公司查明事件真相并协助申请工伤保险赔付，但遭到公司拒绝。随后遗属自行申请了工伤保险赔付，去世员工也很快被相关部门认定为工伤。当遗属以此为依据起诉公司并举办了记者会之后，公司的态度立即反转，主动提出并最后达成了庭外和解。这就是当时备受关注的天气新闻事件。

在这一过程中，天气新闻公司中存在员工过劳、职场霸凌行为等问题被证明属实。在该公司内部存在一种被称为"预选"的制度，无论过劳还是职场霸凌，全都体现在所谓的"预选"制度之中。

这家公司实施的"预选"制度乍一听十分难以理解：虽然入职这家公司的年轻人全部通过了严格的"气象预报士"国家资格考试，并且是在求职中经过激烈竞争而被录取的，但公司还给新人设置了半年的"预选"期，通过"预选"之后才能最终决定他们是否能在公司里以气象预报士的身份工作。员工明明已经通过招聘程序录用并签订了劳动合同，但最终能否按照签订劳动合同时的期望条件工作，还需要再经过一轮选拔，这就是所谓的"预选"制度。

出事的这名员工一直憧憬这一职业，从小学起就会每天记录天气。为了实现梦想，在预选期间他拼命工作，甚至不惜每个月加班200余小时。尽管这样他还是被领导训斥："为什么不能再活得认真一些？""你来这干什么？是在街上迷路了误打误撞进来的吗？"当时就连他的同事也实在看不下去了，对领导说："他现在特别苦恼，甚至有自杀的想法。"但同事的解释却只换来领导"不能惯着他"这句无情的话。即便如此，这名员工也都忍了下来。他的遗属告诉我，他死前精神状态非常不好，长时间处于过劳状态，家人曾因为时常联系不到他而十分担心。他忍下这一切拼命工作，但最终无法承受，在入职半年后走上了绝路，从小的梦想也化为永远无法实现的泡影。

据遗属的证词，在自杀的前一天，他和领导进行了两次面谈。面谈中领导表示："今后你在这个部门是干不下去的。你很难通过预选。"这一结果让他明白，自己的一切努力并没有获得任何认可，这是导致他自杀的直接原因。

虽然"预选"这个词进入公众视野是在天气新闻事件发生之后，但事实上很多公司都采用了与其相似的制度。"预选"制度主要有两大功效，其一是对员工进行"筛选"，其二是逼迫被"筛选"下来的员工分担繁重的工作。

天气新闻公司"预选"期内员工的过劳程度之重非常罕见。厚生劳动省曾制定了相关的指导意见，其中标识的"过劳死红线"是每个月 80 小时的加班时间，超过这个时间就无法保证劳动者生理上所必需的睡眠时间。可是天气新闻公司受害者的加班时间却是这一标准的近 3 倍。

哪怕是考下了"气象预报士"这一国家资格证书的人才，并且每月工作时间又是"过劳死红线"的 3 倍，也不能保证能留在公司。可见能够在这家公司留下来的人，必然也有同样的，甚至有更加严重的超时劳动的情况。如果不能在这种残酷的环境中坚持下来，就要面临被公司淘汰的命运。所以在这种情况下，员工们只能被迫在过劳状态下工作。

天气新闻公司的官网上有一个名为"独特的企业文化"的页面，上面有这样一段话：

天气不会睡觉。我们同样也365天每天24小时不眠不休。

大气状态时刻变化。我们直面地球和自然环境，365天每天24小时，不分昼夜为客户提供气象数据保障。

可以看出，公司要求通过"预选"并掌握天气新闻工作方法的员工必须以彻底适应公司文化的方式为公司工作。

② 大庄——"夸大薪资"的陷阱

大庄公司是一家上市的大型餐饮集团，经营有"干劲茶屋"、"筑地日本海"、卡拉OK店"尽情开唱村"等连锁店。在大庄品牌中知名度最高的居酒屋"日本海庄屋"就曾发生过过劳死事件。一位在2007年4月入职的24岁男性员工，在入职仅4个月后就因急性心衰去世。

这名员工每个月加班高达112小时，每天早晨9点出勤，一直工作到深夜11点。去掉上下班通勤，他的生活中几乎没有可以自由支配的时间。当然，他也被相关部门认定为工伤。

这家公司并没有天气新闻公司那样的"预选"制度，但在与员工签订的劳动合同中存在极不合理的条款，所以也发生了超时劳动事件。按照合同规定，在这家公司工作的应届毕业生每月能拿到的最低工资应为194500日元，但要想实际拿到这笔收入，员工至少要加班80小时。隐藏在这份合同背后的真正的最低工资只有123200日元，换算成时薪仅为770日元[1]。这名员工对于通过超时工作来获得收入的意愿有多高我们不得而知，但从这份合同的内容很容易可以看出，会造成过劳死的超时工作在日本海庄屋这家公司已经是常态。

在员工培训中，公司领导在说明薪资规定的时候，举了"每月出勤25天，每天工作12小时"的例子。这个数字意味着员工每个月的工作时间会高达300小时，远远超出过劳死标准。实际上大庄公司有些员工的劳动时间超时还要更严重，部分分店甚至存在每月工作350小时以上的员工，比上述那位去世员工的工作时间还要长100小时。

不仅如此，大庄公司并没有把薪资体系中有关加班

---

〔1〕2021年日本东京最低工资标准为时薪1041日元。

工时和加班费的真正含义明确地告知员工。根据法院认定的事实，当时大庄公司官方网站所列出的薪酬条件是"月工资 196400 日元（另行支付加班费）"，而对于公司"加班不超过 80 小时就不另行支付加班费"和"加班不满 80 小时会扣除工资"之事却只字未提，员工只有在入职之后接受培训时才能获知详情。从这一系列的事实我们可以看出，这家公司存在隐瞒真实薪资标准招人，并以几乎压着最低工资标准的底线逼迫员工超时工作的严重问题。

在这次员工死亡案件的诉讼过程中，法院不仅认定了这家公司作为雇佣方的责任，更认定了公司董事等经营层人员的个人责任。判决同时指出，该公司的业务安排和薪资系统以超时劳动为前提，没有制定不以牺牲员工生命和健康为代价的劳动制度，这可以说是一次划时代的判决。

但是，我近期访问该公司的官方网站后发现，其公示的薪资标准仍是包含了加班费的薪资。哪怕一名青年因此失去生命并被认定为工伤，法院判决企业法人及董事等经营层人员担责，都没能让这家企业显露出一丝悔意。

③ 和民——企业老总公然反驳劳动部门的工伤鉴定

"和民"公司的名字，在日本人中恐怕是无人不知，无人不晓。该企业不仅在日本全国开设了"和民""坐·和民""和民家"等餐饮连锁店，同时还涉足养老看护行业，是一家在东京证券交易所主板上市的公司。2008年6月，有一名26岁的女性员工跳楼自杀，她曾在该公司直营的餐饮连锁店"和民"横须贺分店工作，去世时刚刚入职2个月。

不出意料，这名女性员工的工作条件也是极其严酷。证据显示，她最长一次曾连续7天超时劳动，每天都工作至深夜。除了连续高强度工作之外，她还连续数日在后厨工作到清晨4点至6点。公司休息日她也不能休息，要在早晨7点去参加培训早会，甚至还被要求参加志愿者活动、给公司提交培训报告等。在入职仅一个月后的5月中旬，她的月加班时间就超过了140小时。在这个时间点，她已经陷入了抑郁状态。之后她的超时劳动状态并没有得到缓解，最终于6月12日选择了结束自己的生命。

认定该事件为工伤的神奈川县劳动局审查官指出："该员工一个月的加班时间超过100小时，每天加班到凌晨5点之后的状况持续超过一周。她不仅无法获得休息日和休息时间，还被迫从事本人缺乏经验的后厨工作，可以说巨大的心理压力是造成该案件发生的主要原因。"

然而，担任和民株式会社董事会主席并经常在媒体上抛头露面的渡边美树却在媒体报道认定工伤的新闻后，迅速在社交媒体推特上发声：

> 我对工伤认定一事十分遗憾。在我的记忆中，4年前的这一幕就像发生在昨天一样。她的全体同僚都在努力减轻她的负担，我不认为我们的业务管理有不妥之处。但是对于她的死，我们觉得很遗憾，因为公司存在的第一要务就是使员工幸福。

> 早上5点半，孟加拉的街头巷尾回响着伊斯兰教教徒的祷告。感谢所有人的批评。我们将永远真诚地面对宝贵的员工失去生命这一事实。我们将在孟加拉修建学校。相信她也一定对我们的这一行动翘首以盼。

此外，和民的公关部门还发表了以下声明：

> 今天有部分媒体报道，本集团公司下属分店员

工自杀事件属工伤性质。报道中提及的该员工的劳动状态与本公司的认知不符。本公司对劳动部门的这一认定表示遗憾。

这位去世的员工，每个月付出了 100 小时至 140 小时的加班，并被劳动部门认定为工伤，而集团老总却堂而皇之地表示"不认为我们的业务管理有不妥之处"，公关部门甚至发布了对劳动部门的认定"表示遗憾"的声明。可见想让这样一家公司改过自新，大概是不可能的。

我在日本招聘网站"rikunabi"（2013）上查看和民餐饮服务公司的招聘信息，其开放的岗位只有"候补店长"和"候补独立加盟店长"两种。看来这家公司只想要自愿投身"过劳深渊"的候补店长。这名女员工的悲剧，正是发生在这样一家通过劳动意愿支配员工的公司里。

④ SHOP99——"有名无实"的店长领不到加班费

SHOP99 是一家由罗森全资控股的子公司"九九加"经营的生鲜食品超市。就是在这样一家大型零售公司的店面里，也发生了员工险些失去生命的事件。当事者是一名20多岁的男性员工，他高中毕业后打了8年零工，后经劳动部门的职业安定所介绍入职了SHOP99。他在入职后不到一年的时间里就晋升为店长。然而刚刚晋升店长不到4个月，他就不得不因抑郁症而停薪留职。

在还没有完全熟悉工作的情况下，他被迫以店长的身份去管理销售和其他打零工人员，导致了极端的超时劳动。由于便利店是24小时营业，无论白天还是晚上，只要店里出现任何问题，他都必须立刻到场。最严重的时候他曾在4天内工作80小时。而只要是"店长"，无论工作多久，都没有任何加班费。

这名男子回顾这段经历时说，当时自己"就像燃料一样，燃烧自己去工作"，他还表示，脑子里几乎没有当时的记忆。

在工会的帮助下他和公司进行了谈判，然而公司却表示概不负责。最后他迫不得已提起诉讼，东京地方法院判决公司支付其加班费，并应承担使其罹患抑郁症的责任。原告一方获得了全面胜诉。

然而通过这一事件认识到也需要给"店长"发加班费的罗森，却将公司直营分店SHOP99改头换面，包装成个人加盟经营的"罗森100"百元店，继续规避支付员工加班费的问题。

第3章　如何看破吸血企业的套路

吸血企业的标志：无法持续工作

　　要鉴定一家企业是否为吸血企业，最简单的办法就是看它是否存在大量招聘、大量离职的现象。在第1章和第2章中我们已经了解到，吸血企业将应届毕业生当作随时都能替换掉的零件，所以年轻人不可能在吸血企业中持续工作。不仅如此，工作中的种种遭遇还会使他们患上心理疾病，导致今后的职业生涯也遭到破坏。

　　在这一章中，我们拟将吸血企业按照套路进行分类，以厘清问题。为此，首先我们需要弄清吸血企业的动机，即它们为什么要如此对待劳动者。不言而喻，吸血企业也是以从市场获利为经营目的的营利性组织。从上述事例中可以看出，很多吸血企业都处于新兴产业中，虽然其业绩增长势如破竹，但获利的贪念仍然驱使它们不惜以摧残年轻员工的方式去追求利润最大化。

它们摧毁年轻员工的行为可以分为以下三类：

第一是"筛选"（大量招聘、逼迫离职）。在大量招聘之后，只留下"好用"的员工。这点几乎是所有企业为了逐利而固有的欲望本能之一。但是，正常的企业对于这点都能够做到"克制"，因为这种做法不仅法律风险极高，而且会伤害企业的社会信誉。然而这些处于新兴成长期的吸血企业的可怕之处在于，它们可以完全置风险于不顾，轻松越过这条红线。

第二是"用后即弃"式压榨，蓄意进行"非可持续性用工"（大量招聘、抽干榨尽）行为。企业通过多种手段逼迫年轻人从事极高强度的工作，直到他们身心俱疲，无法继续工作。这种榨干年轻人的劳动力的用人方式在传统大企业中并不存在。关于这点，我将在本书第2部详述。企业大量招聘应届毕业生，通过对他们进行精神和劳动能力的压榨，产生了大量无法继续工作的年轻人。无论是"筛选"还是"非可持续性用工"都有一个共同点，那就是"大量招聘""用后即弃"（不能长期工作）。

第三是"管理混乱"。如果上文所述的第二种套路

"用后即弃"用人是企业蓄意而为，这里的"管理混乱"则是一种企业内部运营缺少条理的状态。这种状态通常表现为领导层毫无意义地（并非以逼迫离职为目的）通过职场霸凌、性骚扰等手段压迫员工。这也是因为"人要多少就能招到多少"的现状没有给企业带来足够的危机感和建立健全的劳务管理制度的紧迫感。

我将上述几种现象总结成下表，以便读者理解。

表 1　吸血企业行为的分类

行　　为	种　　类
大量招聘	1. 夸大薪资待遇
	2. 正式员工有名无实
① 筛选	3. 入职后持续"筛选"
	4. 战略性地进行职场霸凌
②"用后即弃"式压榨 （非可持续性用工）	5. 不支付加班费
	6. 扭曲的"36 协定"和超时劳动
	7. 设障碍阻止员工离职
③ 管理混乱	8. 职场崩溃

读者可能已经发现，这些企业摧毁员工利益的行为在很多公司中都是交叉和重叠存在的。在跨国企业 X 公司的事例中可以看到性骚扰和无意义的职场霸凌（管

理混乱），而在其"筛选"过程中我们又能见到"用后即弃"式压榨、"非可持续性用工"将年轻人身心摧毁殆尽的现象。

因此，虽然本章中将吸血企业的种种行为进行了分类，但绝非仅仅是为了分类而分类，而是辨析年轻人遭受毒害的套路，以便更清楚地展示出吸血企业的架构。

套路1：夸大薪资待遇

吸血企业大量招聘年轻人的手段之一，就是采用所谓"固定加班费"，也叫"定额加班费"的名目。一般人很难注意到其中的含义，这让其性质更加恶劣。这种手法通常将加班费包含在基本工资里，让月工资的数字看起来好看，以此夸大薪资待遇。近年来，部分所谓专家将这种方法作为企业"节省加班费的妙招"大肆宣传，使其转眼间就在企业间普及开来。企业之所以纷纷采用这种薪资制度，就是为了少付，甚至不付加班费。按照常理，任何情况下加班费都需要依照员工加班时间来支付，而所谓"固定加班费"则是通过钻法律空子的方式来规避监管。很多吸血企业正是通过这一手段，将本来就很低的基本工资通过固定加班费"注水"，以此吸引大批年轻人前来应聘。

"固定加班费"隐蔽性很强，乍一看很难识破其本质。就算熟知劳动法的人，如不懂得辨识这种手段，也很容易上当受骗。

这一套路最具代表性的劳动案件，就是本书第2章介绍的"日本海庄屋"过劳死事件。在这一事件中，一名20多岁的青年，入职后仅4个月就突然离世。他的死被认定为工伤，在死者家属起诉公司的诉讼中，法院也认定公司应对该员工的死亡负责。只要翻看当时的判决材料，就能了解该公司是如何进行劳务管理的。

据调查，该公司当时的招聘信息内容为"销售岗月薪196400日元（另行支付加班费）"。按照近年的行情，对于应届生来说，约20万日元的工资应该还算不错。这名去世的员工当然也是看了这条招聘信息之后才决定应聘的。

然而他入职之后才得知，这个约20万日元月薪中竟然还包含了80小时71300日元的加班费。像这家公司这样，在基本工资中包含一定时长加班费的薪资制度，被称为"固定加班费"，或"定额加班费"。在基本工资中加入一定时长的加班费之后，公司可以随意让员工加班，而不需要为此另外支付一分钱。而且这一包含加班费的工资水平足以让不明真相的毕业生趋之若鹜地争相应聘。

关于固定加班费的纠纷远远不止这一件，就连我也经常接到类似咨询，甚至已经占据了薪资问题咨询总量的一大部分。由此可见，这一问题在社会上已经相当普遍。

在日本的一些企业中，企业不给员工支付加班费的问题存在已久，并长期得到默许，日语中甚至出现了"无偿加班"这样的说法。因此对于企业来说，要求它们合法合规地执行"固定加班费""定额加班费"等制度的外界压力较小。大庄钻的正是日本社会的"空子"。

大庄最大的问题在于，加班时间未达 80 小时的员工是无法全额得到 196400 日元这一所谓的基本工资。也就是说，这家公司的加班费既非"固定"也非"定额"，而是只有进行了有可能引起过劳死的超时工作，才可以足额拿到基本工资。在诉讼中，这点也被列为该企业存在的问题之一。

然而，就算不考虑日本社会的"空子"，我们也没办法完全认定企业的"夸大广告"属于违法。因为，只要企业在与员工签订劳动合同的时候稍微提了一嘴，说明了工资明细，就有可能认定员工自愿承认并同意"基本工资中包含加班费"这一薪资条件。对招聘广告中信息夸大程度的约束，只能在社会道义层面上进行。

"固定加班费"要想合法合规，需要满足下面几个条件。第一，需要明示包含的加班时长及具体的加班费金额；第二，基本工资和加班费换算成时薪都不能低于最低工资标准；第三，劳动者的劳动时间超出基本工资中所包含的加班时间后，企业需要向劳动者支付超出部分的加班费。只要满足上述三个条件，就不能认定"固定加班费"制度违法。

滴水不漏的"固定加班费"制度固然不违法，然而，我们能仅仅因为不违法，就说这是一个合理的制度吗？假设一家公司将100小时的加班费、深夜加班费、周末节假日加班费全部算进基本工资，而员工却并不知道这一制度的真相，只觉得"虽然工资不错，但劳动强度大，还没有加班费"。只有讨要加班费的时候，才得知公司的省钱妙招，最后细心一算，才发现自己的工资换算成时薪竟然和最低工资标准一分不差。

为了使招聘广告中被夸大的薪资标准无懈可击、合法合规，固定加班费制度表面被包装成无论是否加班，都会向员工支付加班费。这就势必会造成员工超时工作。因为企业一方必然认为，既然已经向员工付过加班费，那么与其让他们下班回家，不如变本加厉地使唤他们干活来得划算。越主动采用这种薪资制度的企业，就越会如此考虑。通过这种方式，既能降低法律风险，还能廉价地招揽到大批人才。

套路 2：正式员工有名无实

招聘时明明说好是正式员工，然而通过面试，到了签订劳动合同的时候，拿到的却是有固定期限的劳动合同。此类企业在招聘阶段就已经算计好，通过发布有名无实的"正式员工"招聘广告来大量吸引人才。

这类企业最常用的伎俩，就是用"试用期"来掩盖自己的欺骗行为。在招聘正式员工的时候，几乎所有企业都会依照惯例设定"试用期"。这一时期尽管被称为"试用"，但也必须签订正式的劳动合同，企业也并非抱着"试用"的心态来雇人。"试用期"存在的前提是企业要将对方作为正式员工进行雇用。正因为企业想要聘用他们作为正式员工，长期为企业服务，才设立了"试用期"来对受聘者是否具备最基本的社会工作能力进行最终确认。

但是很多公司钻了试用期这一社会惯例的空子，打着试用期的幌子，和员工签订有期限（3 个月、6 个月、1 年等）的劳动合同。只有在公司认为确实需要雇用这名员工后，才与其重新签订正式员工的劳动合同。后者被称为"正式录用"。"试用期"原本是企业以长期雇佣作为前提，对员工能力进行最终确认的制度，却被吸血企业偷梁换柱，成了真正的"试用"期。也正因为如此，才出现了"正式录用"这种奇特的名词。

不仅如此，最近很多企业甚至只给试用期员工和合同工相同的待遇。在我近期接到的咨询中，很多案例都是企业在招聘时打出"正式员工"的幌子，然而签订劳动合同的时候，员工却被告知自己其实是合同工。更有甚者，很多人在公司工作多年都不知道自己究竟是不是正式员工，或是在已被通知"正式录用"之后被告知需要重回"合同工"身份，重新来过。

在严峻的就业形势之下，就连正式员工都难逃裁员的命运。在这一大背景下，企业"试用"员工、随意"退货"的现象不是个例。以下我们将看到在试用期内仍旧对员工进行持续"筛选"的案例。

套路3：入职后持续"筛选"

"入职后的'筛选'竞争"是"筛选"这一行为中的一种。在大量招聘、大多数人在短期内离职的企业中，这种入职后的竞争十分常见。仅在我所了解的范围内，最严重的地方企业员工入职一年内的离职率高达八成到九成。

在本书第 2 章中所介绍的天气新闻公司的案例中，

就发生了入职仅6个月的男性员工自杀的事件。公司内采取"预选"制度，哪怕员工通过了求职时的重重难关顺利入职，也难逃入职后的"筛选"。也就是说，员工入职后为了保住自己的饭碗，仍然需要面对公司里激烈的竞争。在这个惨痛的事件中，这位男性职员每个月加班200小时以上，在精神恍惚的状态下被告知没有通过预选，第二天就结束了自己的生命。

天气新闻公司招揽了优秀的人才，却在不到一年时间里将他们消耗殆尽。该公司最开始甚至不配合死者家属申请工伤保险，在媒体广为报道之后却又立刻转变态度道歉，并和家属达成庭外和解。然而该公司后来又被爆出歧视工会成员的事件，可见其仍未脱离吸血企业的本质。工会表示，在该公司和死者家属达成和解之后，其制度并未发生任何变化。

由此可见，天气新闻公司是一家不折不扣的吸血企业。其在公司内推行的"预选"制度无疑是现代公司内"筛选"制度的典型，然而实行入职"筛选"却并非天气新闻公司的专利。本书第1章中介绍的X公司，虽然并未像天气新闻公司一样明目张胆地对员工进行"筛选"，但事实上除非晋升为店长，否则员工根本不可能被当作公司的一员来对待。餐饮连锁企业和民公司员工过劳自杀事件中，同样也能看到"筛选"制度将人逼上绝境的情境。

对于刚刚从激烈的求职竞争中杀出重围、获得岗位的新聘员工来说，辞职必定伴随着巨大的心理压力和不安。重新求职的话是否还能找到工作？跳槽找工作时，在短期内离职的自己比起应届毕业生是否会处于劣势？吸血企业利用员工这一心理，不光大量招聘员工，还让员工互相竞争，将其置于比求职时竞争更加激烈、没有退路的环境之中，从而"筛选"出更"好用"的人才。

对于员工来说，入职后"筛选"的标准和企业淘汰简历时一样模糊。然而，在企业拥有绝对话语权的"筛选"过程中，员工唯一的选择就是顺从地接受公司使唤，并祈祷公司能够选择自己。仅这一点，就将无数应届毕业生逼上了异常超时劳动的绝路。

大量招聘、入职"筛选"的做法也在入选的员工身上发生了一定的"副作用"。对于在"筛选"中"幸存"下来的员工来说，自觉、顺从地超时劳动自然而然成为了他们的常态。特别是在第一份工作中经历了这种制度后，他们就会潜移默化地认为这就是社会整体的规范。因此我们可以说，"筛选"制度具备一种"通过仪式"[1]

---

[1]"通过仪式"（Rites of Passage）是法国人类学家阿诺尔德·范·根纳普（Arnold van Gennep）提出的一个社会学概念，指人在生命周期的每个重要阶段都要经历相应的仪式，来进入新的阶段。也被译作"过渡礼仪""通用礼仪"。

的效果。

一些公司会要求在"筛选"过程中遭到淘汰的员工以小时工的身份重签合同，而在另一些公司他们则会惨遭解雇。在一家大型 IT 公司，员工入职后会被要求两个人共用一个储物柜，仿佛是在暗示会有很多员工在入职后的"筛选"中辞职。

套路 4：战略性地进行职场霸凌

在"筛选"之后，"没有被公司选中的人"中的绝大多数都不被允许继续留在公司。然而，如果员工和公司签订的是正式的长期劳动合同，公司就没有合理的理由将其解雇。

因此，吸血企业为了规避解雇员工带来的法律风险，通常会采取要求员工"自行离职"的手段。对于这点，将在本书第 4 章进行详述。

简而言之，公司通常会要求员工以"因个人原因离职"的方式来降低诉讼风险。万一公司和员工之间因解雇产生纠纷，公司也可以拿出员工的离职申请为证据替自己辩护。诚然，这种强迫合同当事人违反其真实意愿离职，同时又伪装成其自愿离职的运作方式，是一种严重违背契约精神的行为。但是，在公司和员工间悬殊的实力差距面前，公司甘愿冒天下之大不韪。

不仅如此，近年来上述公司规避诉讼风险的手段越发隐蔽。最具代表性的手段就是"战略性地进行职场霸凌"，即公司有组织、有计划地进行职场权力霸凌，静待员工精神承受能力达到极限，主动辞职。公司只字不提"希望你自己辞职"这类的话，就能达到解雇员工的目的。比起强行解雇员工，这种手段更加隐蔽，更能维持表面和平。但是，无论摆上台面还是潜藏水下，目的却并无任何区别。而且，"职场霸凌"对于员工的伤害更大，因为其会造成员工罹患心理疾病。员工丧失的不仅仅是工作，还有健康。

"职场霸凌"的背后，是一些和吸血企业狼狈为奸的律师。他们向企业"建言献策"，告诉他们怎样做才能在临界线上不至于被判到"逼迫离职"。尤为恶劣的是，对于他们来说，员工健康受损非但不是不得已的附带性悲剧结果，而是蓄意达成的目的之一。吸血企业不仅有组织、有计划地实施职场霸凌，还雇狗头军师为其保驾护航。

下面就介绍几种"战略性"权力霸凌的常见手段。

首先，此类吸血企业通常设有专门进行裁员的负责人。他们将相中的员工单独叫到会议室，对其进行"指导"。这类指导的目的其实只有一个，那就是逼迫员工接受"你是个不中用的人"这一事先定好的结论。指出的内容或许是"你的业绩不好"，也有可能是"你的表现不符合公司价值观"。然后，他们以判定员工"不中用"为前提，对其下达各种"任务"。

比如，公司会要求员工自行制定所谓的业务改善计划（Performance Improvement Program，简称 PIP）。这个 PIP 说白了就是业务指标，如果员工设定了能够达成的指标，就会被公司批评说"目标意识太低"，从而逼迫员工给自己制定无法达成的指标，并要求其达不成指标就得"负责"，暗示员工离职。可见，一旦员工陷入 PIP 的泥潭，就无法全身而退。

在 Y 公司的事例中，公司打着"改善计划"的幌子，给员工布置名目繁多的任务，将其逼入绝境。有些人被要求剃光头上班，还有些人被要求身穿灰色卫衣前往人人西装革履的核心商圈上班。还有些员工被以"提高沟通能力"为由派去车站入口搭讪，或是做初中语文练习题。然而就算完成这些任务，员工也无法从中受益，更无法摆脱自己在公司中面临的困境。

找到我咨询的员工中，绝大多数人都十分顺从地服从了公司的安排。甚至有人为了获得公司认同，证明自己的能力，在短时间内接连考取了三种资格证。然而公司非但没有承认其能力，反而表示"你不适合公司业务，需要进一步改善"，变本加厉地折磨员工。

在长期、反复受到这种折磨的情况下，人很容易患上抑郁症或适应障碍。走到这一步，公司就会适时建议员工"现在辞职，大家都好办"。就算员工要求公司将其"解雇"，公司也会对员工说"公司不会解雇员工，你自己好好想想"，逼员工自行离职。

员工罹患心理疾病这一结果早就在公司的计划之内，因此就算员工在公司的折磨下失去健康，公司也不会心慈手软。在一些极端的案例中，员工找到公司领导报告自己得了适应障碍，领导也会说"你看，早就跟你说你不适合在我们这工作了。都怪你适应不了公司"，倒过来逼迫员工道歉。然后领导会带着员工去医务室，问驻企的精神科医生说"他是不是不适合继续在公司工作了"，要医生给出支持自己的意见，由此在精神上变本加厉地折磨员工。

哪怕员工坚持到最后都不肯离职，只要折磨他得病，一切就都好办了。公司会要求员工停薪留职，并在停薪留职期内定期对其进行骚扰和折磨，让员工停薪留职期满后"无法复职"就可以了。通过这些战略性职场霸凌的案例我们可以看到，员工的健康对于企业来说是何等无足轻重。

战略性职场霸凌给员工带来的损害不仅体现在健康上，我们同样也能在经济方面看到其危害性。员工申请失业保险的时候，如果失业原因是出于自身原因辞职，只能领取 3 个月的失业金。很多不应受此限制的员工，却不得不接受这一结果，在身患疾病、一无失业保险二无收入的情况下被无情地扫地出门。

套路 5：不支付加班费

以下我将剖析吸血企业以"用后即弃"式压榨进行非可持续性用工的套路。所谓"用后即弃"式压榨、"非可持续性用工"是指企业在劳动力供给充沛（补充和替代的劳动者要多少有多少）的情况下，廉价、严苛、压榨性地使用年轻劳动力的行为。首先，让我们看看那些不付加班费的套路。

企业不付加班费的方法不胜枚举，但无论何种方法，其最终目的都是廉价地让员工延长劳动时间。正所谓"因为廉价，所以超时"。不支付加班费，企业是无正当理由的，这种做法也造成员工过劳。接下来，让我们看看具体事例。

最简单的手段，莫过于找理由搪塞员工，从而不付加班费。"你干活太慢""你个人业绩不好""市场环境严峻""你没申请加班"……各种理由五花八门，不胜枚举。这些理由和那些偷了东西的人却声称"肚子饿了""寻求刺激"的借口一样低级可笑。哪怕这些理由确有其事，也无法改变其违法的性质。

然而，就算如此低级的借口，在很多年轻人无法开口反驳的职场都能大行其道。

还有一些更加"精明"的公司学会了钻法律和制度的空子，规避向员工支付加班费。其中最具代表性的例子就是"概算加班"。特别是在企业的销售岗位上，这种制度最为常见。这种情况下，公司会向员工支付每月数万日元的"销售补贴""岗位补贴"，剩余的加班费就不再支付了。

确实存在企业合法免付加班费的制度，即所谓的"概算劳动时间制"[2]。这一制度又可以细分为"策划业务型裁量劳动制"等三种类型。然而在我接到的咨询案例中，迄今为止还没见过合规运用这一制度的企业。也就是说，企业虽然"概算"劳动时间，却根本没有满

---

[2] "概算劳动时间制"是日本的一种劳动时间计算方式。对于外勤销售、居家办公等难以精确统计劳动时间的岗位，和从事研究开发、调查分析、策划立案等允许员工自由安排工作时间和节奏的岗位，员工工作时间无论超过还是未满每天 8 小时、每周 40 小时，企业一律基于劳资双方事先协商一致的劳动时间支付工资。

足概算劳动时间的合法前提条件。"概算加班"这个伪法律术语之所以能在招聘市场大行其道，大概与此也不无关系。

除了"概算加班"之外，还有另一种常见的钻空子的方式，那就是对员工进行"去雇员化"的操作。具体来说，是企业将员工作为"管理监督者"聘用，或将员工作为外包业务的个体户使用。

就前者而言，大概很多读者还对"有名无实的店长"或"有名无实的管理岗"记忆犹新。和资方同格的雇员（管理监督者）拥有自由判断工作量的权限，可以根据自己的判断调整劳动强度，因此企业无须向其支付加班费。现在仍有很多企业将这一法规的范围无限放大，很多根本无法和资方同格的零售店店长和办公室职员都成了有名无实的"资方"，因而企业无须向其支付加班费。

再让我们看看"个人外包"的情况。所谓"个人外包"，是企业将一部分业务委托给作为个体户的劳动者。在这种情况下劳动者并非企业雇员，而是个体经营者。个人外包者和企业之间签订的不是劳动合同，而是"委托合同""外包合同""承接合同"等。这种情况下，雇员甚至被置于劳动法管辖范围之外。例如，运营连锁牛肉饭餐厅食其家的泉膳（ZENSHO）公司，迄今仍将在其餐厅中打零工的员工以"个人外包"的方式进行管理。按照他们的说法，打零工人员属于"个体户"而非"雇员"，因此理所当然不受劳动法保护。

最后还有一种情况，那就是前面提到的"固定加班费"。"固定加班"和"概算加班"的区别在于，后者是一种掩盖不支付加班费的障眼法，而前者是通过降低基本工资来营造仿佛有支付加班费的假象。在这一意义上，"固定加班费"更为阴险、老练。

套路 6：扭曲的"36 协定"和超时劳动

还有很多公司利用日本法律的漏洞，以合法合规的方式让员工超时劳动，甚至造成员工过劳死。日本《劳动基准法》规定，劳动时间的上限为每天 8 小时，每周40 小时。然而，只要劳资双方按照《劳动基准法》第36 条达成协定（即所谓的"36 协定"），就可以免受劳动时间上限的制约。也就是说通过制定"36 协定"的方式，哪怕是会造成员工过劳死的超时劳动，也可以变得合法合规。

不过，在法律上，可以通过"36 协定"延长的劳动时间也是有上限的。然而由于法律并未将这一上限明确规定为资方的义务，因此企业向政府部门提交备案的劳资协定很容易被受理。[3] 除了延长工作时间的条款之外，法律还规定了特别条款，规定在特殊情况下可以进一步延长劳动时间。

根据日本厚生劳动省制定的"过劳死标准"规定，每月加班超过 80 小时后，劳动者将无法保证每天生理上所必需的睡眠时间。然而按照日本的法律，劳资协定中只要规定好特别条款，即使超过这一标准也不算违法。

根据《东京新闻报》的独家调查，东京证券交易所主板上市交易的公司中，2011 财年销售额排名前 100 名的公司中，高达七成制定了超过过劳死标准的"36协定"。可见迄今为止，诸多公司都没有制定能够保证员工生理上必要的睡眠时间的劳动方式。

在世界范围内，像日本这样过半数的大企业都采用超时劳动制度且国家不进行充分监管的状况，是十分罕见的。但是，这种劳动制度在日本之所以能够被社会接受，是因为员工以超时劳动为代价，换来了企业的"终

---

[3] 本书在日本出版于 2012 年。2018 年通过的《劳动基准法修正案》规定，根据"36 协定"签订的劳动合同中必须明确每天、每月、每年加班时间的上限，且无正当理由最高不得超过每月 45 小时、每年 360 小时，企业如违反将会受到处罚。

身雇佣"和"年功序列薪资"的待遇。

然而,吸血企业自然不可能给员工如此优厚的待遇。入职后仍要持续"筛选",同时通过职场霸凌逼迫员工自行离职。可以说,吸血企业抛弃了日式雇佣传统中的保障性因素,只留下对自身有利的超时劳动。

套路7:设障碍阻止员工离职

近期我接到的非可持续性用工的相关咨询中,有很多案例都是公司想方设法提高门槛阻止员工离职。很多工资低廉,并需要超时为公司服务的吸血企业都不允许员工自行离职。

然而这些公司虽然平时不让员工离职,可是一旦出现员工健康受损的情况,却会毫不留情地将其解雇。除非公司想要裁员,否则只要员工还能继续工作,这些吸血企业是绝对不会轻易放他们走的。特别是在倾向于回避繁杂的招聘流程、每个员工的业务量在公司中占比较大的中小微企业中,这种情况最常发生。当员工心生离意想要跳槽的时候,公司就会以"找不到后任就不能走""回报完公司培养你的成本之前不能走"等理由阻止员工离职。

甚至有公司在办完离职手续后依旧要求员工继续工作。这些公司只在书面手续上办好离职，让员工变成自由身，实际上却依旧抓着员工不放，让其继续工作。有的员工被公司挽留纠缠，最后累坏了身体。而一旦员工健康受损，公司就立刻翻脸将其解雇，弃之如敝屣。

事实上，无论吸血企业挽留也好纠缠也罢，员工辞职的权利始终受到法律保护。如果员工不能自由辞职，那简直就是现代的奴隶了。然而，很多员工不惜代价从吸血企业虎口脱险，接踵而至的却是企业无情的打击报复。企业之所以会这样做，一方面是对其他在职员工的"杀鸡儆猴"，另一方面是对辞职员工本人的报复行为。以下我将举例说明。

第一，是公司不配合办理离职手续。公司拒绝配合办理养老保险、医疗保险、失业保险等各种社保相关手续。员工不仅会因此无法领取失业保险，甚至还会对再就业产生影响。这是一种企业为一己私利，利用国家的保险制度要挟员工的霸凌行为。

第二，是公司不支付最后一个月的工资。很多公司这样做只是单纯想抠门省钱。比如一些公司会要求因霸凌而罹患心理疾病、无法出勤的员工本人去公司以现金形式领取最后一个月的工资。哪怕员工本人因病无法亲自去领取工资，公司仍会坚持本人不来领取就不付工资。

　　第三，是公司要求员工赔偿公司损失。有些公司会以员工不听公司挽留、无故旷工给公司造成损失为由，要求员工进行赔偿。公司只要稍微用些法律基本常识就能够制作出全套索赔文件，还有些黑心律师、社会保险劳务士〔4〕和吸血企业狼狈为奸，干起了向员工索赔的生意。事实上，员工根本无须理会这类索赔。然而对于一些社会经验尚浅的员工来说，公司索赔给他们带来了严重的心理压力。企业对员工个人的索赔既不合理也不合法，就算企业诉诸法律，也根本得不到法律支持。企业一方对此心知肚明，却仍选择这样做，是因为一来可以威胁离职员工本人，二来可以对其他在职员工起到威慑作用。

　　"阻止员工离职"和"逼迫员工离职"两种吸血企业的常见套路乍一看相互矛盾。但与本书第1章中所述的年轻人对吸血企业的彻底服从，和企业对员工实施的极端控制同根同源。无论是入职"筛选"逼迫员工离职，还是阻止员工离职，将其压榨殆尽，员工都只有听天由命。也就是说，吸血企业一手掌握着员工生杀予夺的大

---

〔4〕 由日本《社会保险劳务士法》承认的一种国家资格，作为劳务、社会保险专家，为用人单位提供文件代笔、劳动纠纷调解、企业社保等问题咨询等服务。

权，并倾其所有，致力自身利益最大化这一目标。从这个角度看，吸血企业的诸多行为是始终如一的。无论是"阻止离职"还是"逼迫离职"，都是吸血企业贪得无厌、追求利益最大化的结果。

套路8：职场崩溃

所谓职场崩溃，是指在公司的集体生活中本应产生的"秩序"彻底崩溃的状态。在其他几种套路中，吸血企业的组织和目的通常都比较明确。然而在这种套路中，企业的目的却让人无法看透。在很多案例中，当事人的行为和犯罪只有一步之遥，受害人甚至感到生命受到了威胁。这些职场无不宣扬一种扭曲的价值观，认为下属和员工就是公司、领导的牛马奴隶，可以任意处置。在一般人看来，企业的这种行为似乎无法通过"公司追求利益"的观点去解释，但只要就业市场供大于求，源源不断地有劳动力的"替代品"补充进来，这种情况就不会得到改善。

被部门领导叫去吃饭，之后遭受强暴；工作的时候领导模仿动漫角色的台词，如果下属不模仿同一个动漫中角色的台词回应就会被训导；领导上班时间触摸女下属的胸部；领导威胁下属"看我不揍得你站不起来！"；下属住院时接到领导电话说"来公司上班！"……公司里诸如此类的霸凌现象见怪不怪，每年都有人自杀。此外还有领导反复要求下属信教，侮辱下属"你怎么还不死！""你脑子进屎了！"，把扳手朝下属砸过去，将下属打到骨折，以及说销售业绩太低，每年扣掉员工几百万日元工资等，各种花招层出不穷。

这些事例在一般人看来可能是天方夜谭。但对于一个个受害者来说，都给他们带来了莫大的恐惧，而且他们每天都还不得不在可能会遭受新折磨的恐惧中工作。

除了上面情况之外，还有公司对员工的待遇状态极度恶化、公司整体的人权意识显著降低，员工不得不因此辞职的案例。通常来说，过度的超时工作是造成这种状态的间接原因之一。

比如，在幼儿园或学校中发生的虐待儿童事件，以及在老年护理机构中频繁发生的安全事故和老人遭虐待事件（这类案例将在本书第 6 章详述）。再比如，很多英语培训机构一心只想收钱，却忽视教师的质量，课程品质堪忧。还有手段形同诈骗的产品推销。在这些公司中，工作毫无任何成就感和乐趣可言，员工自然很难工作长久。

第4章　吸血企业劝退有方

本书第3章介绍了几类吸血企业的常见套路。在我接到的咨询中，数量最多的莫过于和辞职相关的套路了。吸血企业常常处在员工大量招聘和大量辞职（解雇）的反复过程之中，而对于企业来说，员工离职（或解雇员工）时刻伴随着法律风险。因此吸血企业在长期实践中，不断开发规避法律风险的"技术"，推陈出新，手段也越发老辣。在本章中，让我们一起来看一看吸血企业是如何凭借其高超的"技术"逼迫年轻人辞职的。

在日本劳动法中解除劳动合同、主动离职、解雇有什么区别？

在详述企业如何规避法律风险之前，我们有必要首先了解一下与离职、解雇相关的法律框架。首先，劳动合同的终止有三种情况，分别是解除劳动合同、主动离职和解雇，它们在法律上的定义各不相同。顾名思义，解除劳动合同是指双方达成一致解除劳动合同，主动离职是指员工单方面解除劳动合同，解雇是指用人单位单方面解除劳动合同。

原则上，只有合同双方协商一致，才能解除已经生效的劳动合同。在这点上，劳动合同和其他合同并无不同之处。对于已经生效的合同，其中一方单方面毁约必然会导致法律风险。因此结束已经生效的合同时，通常需要合同双方协商并达成一致后方可解约。劳动合同也是同理，双方协商一致解除劳动合同的行为称为"解除劳动合同"。劳动合同中的任意一方均可提出解除劳动合同。由用人单位先提出解除劳动合同被称为"劝退"，而由员工一方先提出则被称为"申请离职"。一方提出解除合同后，如另一方同意，则视为双方达成一致。正常情况下，解除劳动合同不会产生任何纠纷，因为合同的解除是建立在双方协商并圆满达成一致的基础之上的。

而"主动离职"和"解雇"则是有可能产生纠纷的解约方式。主动离职是指员工单方面通知用人单位解除劳动合同。相对于和用人单位进行沟通协商的"申请离职"，主动离职只要提交辞职信，无须等待用人单位答复即拥有法律效力。除了需要提前两周通知用人单位以外，在法律上劳动者的主动离职基本不受其他条件限制。日本《宪法》保障劳动者自主选择职业的自由，只有奴隶才会被剥夺作为劳动者的自由。

另一方面，"解雇"是用人单位单方面解除劳动合同的行为，受到严格的法律限制。劳动合同一旦生效，用人单位很难轻易解除。日本《劳动合同法》明确规定："缺少客观合理的理由，违反社会常识的解雇，均属滥用解雇权的行为，一概无效。"此外，日本《劳动基准法》中除了有禁止与工伤、孕产、歧视等相关的解雇行为的条款外，还规定用人单位解雇劳动者时有义务提前一个月告知，并必须支付与基础工资同等额度的解雇预告补贴。

表2 解除劳动合同、主动离职、解雇的区别

离职形态		离职经过	法规限制
解除劳动合同	用人单位提出	用人单位提出，双方协商一致解约	无限制，诉讼风险较小
	劳动者提出	由劳动者提出，双方协商一致解约	无限制，在申领失业保险时对劳动者不利
主动离职		劳动者单方面解约	无限制
解雇		用人单位单方面解约	严格限制

对"解雇"行为进行汇总分析后，我发现最为重要的是《劳动合同法》中所规定的"客观、合理的理由"究竟如何定义。在法律上，除极少数情况外，解雇行为均属违法违规。限于篇幅，本书中仅对合规解雇进行简述。

用人单位如有下列客观、合理的理由可解雇员工：① 普通解雇（因劳动者的劳动能力解雇）；② 裁员（基于企业经营需要的必要解雇）；③ 惩戒性解雇（因劳动者的行为解雇）。普通解雇的法律限制非常严格，只有劳动者因为疾病、工作业绩、对工作的适应能力等原因，经过用人单位努力仍无法得到改善，劳动者仍不能胜任工作的情况下，用人单位才可以解雇劳动者。裁员也是同样受到极其严格的法律限制，企业需要证明解雇

行为在企业经营中具有极高的重要程度（比如企业整体亏损等情况）、已穷尽一切努力避免解雇、证明解雇人选的合理性、和工会以及被解雇当事者本人进行过协商，只有满足这四个要件才可以解雇员工。同样，法律对惩戒性解雇的要求也十分严格，只有明确员工具有违反企业在合理范围内的规章制度的情况下，企业才能解雇员工。

企业通过"解雇"以外的方式让员工离职的原因

法律对解雇的严格限制，对用人单位造成了很高的法律风险。万一解雇被法院裁定为"滥用解雇权"，企业不仅需要支付诉讼期间员工应得的工资，还有义务让员工重回岗位。如果企业无论如何不想让员工返岗，只有通过支付赔偿金的方式来解决问题。

让我们来看看吸血企业的情况。几乎所有吸血企业都有不错的业绩，同时大量招聘应届毕业生也说明企业正处于扩大规模的发展阶段，因此对照上述法律限制的标准我们可以发现：首先，解雇行为在企业经营中没有必要性；其次，企业在解雇员工的同时也在大量招聘，按照正常逻辑来看，显然解雇员工的同时不应该招聘新人，因为这说明企业没有进行任何避免劳动者被解雇的努力。在这两条标准均没有满足的情况下，企业是无法进行合法裁员的。实际上在我收到的咨询案例中，新人集体遭受逼迫离职的企业，大多数都早早在官网上打出了明年4月的招聘广告，而且开放的岗位非常丰富。本书第1章中介绍的IT企业Y公司一边大量让员工离职，一边以每年200多人的规模招聘新人。这种公司绝对不具备合法裁员的条件。

哪怕是以劳动者的能力为理由解雇，法院也会根据劳动者未来在公司接受培训和教育的潜力加以综合判断，因此公司很难胜诉。如果对方是应届毕业生的话，公司要胜诉那就更是难上加难，因为在应届毕业生入职后短短数月到一年的时间里，是根本没有办法判断其未来的劳动能力和潜力的。而且，对于应届毕业生来说，可以说毕业后第一份工作对于他们的人生有着重要的影响，公司还没用多久就觉得不满意，将员工解雇，这样的用人方式对于应届毕业生来说未免太过不公平。他们今后再也无法作为应届生求职。事实上，应届生入职一年以内被解雇的话，很难再找到一份正式工作，他们很可能被迫以非正式用工，甚至钟点工的形式工作。

正因为如此，法律要求全社会珍惜年轻人一生仅有一次的"应届生"身份，不允许用工方肆意解雇应届生，避免他们宝贵的未来被浪费。可以说，招聘应届生的企业是理应担负起这份社会责任的。

综上所述，正是因为在法律层面上企业绝对无法大量解雇应届生，才需要逼迫他们自行离职的"技术"。

值得注意的是，上文所述的情况是以"解雇"为前提的。正如本章开头所述，结束雇佣关系除了"解雇"，还有"解除劳动合同"和"主动离职"两种形式。针对这两种形式，法律是没有任何限制的。既然企业无法单方面解雇劳动者，那只要事先征得他们的同意，或让他们主动提出辞职就可以了。只要在形式上满足"解除劳动合同"和"主动离职"的条件就不算解雇，可以完美规避一切法律风险。

在这个过程中最为恐怖的，莫过于吸血企业为了满足"解除劳动合同"和"主动离职"的条件，而故意让年轻员工患上抑郁症。

故意让员工患上抑郁症

当然，"劝退"这一行为存在已久。也许不少读者还记得，从上世纪 90 年代泡沫经济崩溃后到本世纪初这段时间内，企业通常以"提前退休"这种方式进行大规模裁员。企业以"提前退休"方式裁员时，通常都会向员工开出优厚的条件，例如支付高于公司规定的退休补贴来鼓励员工离职。由于是企业需要征得劳动者的同意才能解除劳动合同，所以双方就解除劳动关系的条件进行谈判是再正常不过了。

但是，吸血企业裁员却完全是另一番景象。员工非但享受不到任何有利条件，反而会像本书第3章中所提到的那样，遭受来自企业的压迫、折磨、职场霸凌等逼迫离职的行为。企业裁员时，如果反复骚扰员工，甚至以暴力手段逼迫员工离职的话，就不能算作"征得员工同意"，而是"逼迫离职"。哪怕手续上是员工自愿解除劳动合同，但如果解除劳动合同过程中企业存在"逼迫离职"的行为，那么这一结果也是无效的，员工可以通过法律手段维权并申请赔偿。

但是，吸血企业对于这一点早已经心知肚明。他们不是单纯要求员工离职，而是多管齐下迫使员工主动"因个人原因离职"。通过这种方式，不论在形式上还是在内容上都能够表现为员工主动同意离职，从而将法律风险降至最低。因此从统计数据来看，入职后短期内离职的年轻一代的离职原因几乎全部为"因个人原因离职"。同时，如本书第3章所述，这些"因个人原因离职"

的年轻人在申请失业保险时，还会因为是自己提出离职而受到不公平的对待。

由于上述种种原因，企业在逼迫员工自行离职的过程中所采取的手段并非全部表现为以语言明示员工辞职，而更多的是通过种种手段将员工逼上只能自己表态辞职的绝路。就像本书第1章和第3章中的事例一样，公司会先对员工强加不可能完成的工作指标，如果员工无法完成，公司就会以员工"能力不足"为借口持续训斥、折磨。公司一边将这种强迫离职行为伪装成工作上的布置任务和员工培训，一边将员工逼上辞职的绝路。

一旦员工患上抑郁症，公司就会好心相劝"是不是离职休息一段时间会比较好"之类的。这时，员工为了尽快脱离苦海，很容易就会同意在"因个人原因离职"的文件上签字。只有少数心中还仅存一丝冷静的人，才会发现这个"因个人原因离职"的不妥，前来找我咨询。但他们之中几乎所有人担心的问题都是无法领到失业保险，而对于公司的种种行为的正当性都深信不疑。应届毕业生缺乏社会经验，无法发现公司行为的异常，很容易在公司的折磨下罹患抑郁症。

当然，这些公司的霸凌行为本身就是违法。在法律上，如果业务上的指令和培训背后的真正目的是职场霸凌，就属于公司滥用职权。或者哪怕命令和培训背后的真正目的确属公司业务，只要其超出正常限度，也足以构成违法。然而在实际司法操作中，由于前者举证困难，劳资双方争论的焦点通常都是后者。此时，和公司业务无关、伤害员工人格的言论，哪怕是公司业务上的指导和训斥，都是不被法律允许的。但是在绝大多数事例中，由于领导和员工在公司地位上的压倒性差距和员工对于公司的恐惧等原因，使员工拿起法律武器维权非常困难。大部分人都会选择"因个人原因离职"。此外，员工患上抑郁症后，也很难再为自己维权。

"民事杀人"——剥夺年轻人维权的能力

吸血企业还有很多令人发指的手段来逼迫员工离职，其中不乏堪称"民事杀人"的情况。所谓"民事杀人"，是一种主张权利的主体处于如同被"抹杀"的状态。有些人只是回想起在公司的遭遇，就会引发过度呼吸症，或者流泪不止、无法说话等症状，被逼上绝路的恐怖经历，彻底剥夺了他们拿起法律武器为自己维权的能力。但对于吸血企业来说，只有做到这一步，才算是真正消除了法律风险。

实际上，我接到的咨询很多都来自当事人的父母、恋人等亲朋好友，而非当事人本人。当事人遭受折磨，精神状态不佳，亲朋好友察觉到异常前来咨询的案例不断增加。

我开始关注这种情况，也是拜一位前来咨询的母亲所赐。这位母亲联系到我，想咨询自己儿子的情况。她的儿子在一家知名大型家电零售企业工作。一天，她的儿子上班时突发过度呼吸症，被急救车送去了医院，被医生诊断为重度抑郁症。这位母亲经打听才发现，儿子的病因来自职场中长期受到领导的训斥和侮辱。她找到公司询问情况，领导却敷衍说是在和她儿子"开玩笑"，并非训斥。这位母亲在不解和愤怒中，来到"POSSE"寻求帮助。

这位年轻人高中毕业后就职一流企业，却在不到两年的时间内罹患心理疾病。我们想尽办法帮助他，却发现他没有留下任何关于职场霸凌的记录。而且当事人只要回忆起当时的状况就会心理崩溃，失去意识，我们根本无法得知他在公司里究竟经历了什么。我们也寻求了律师和工会的协助，但最后依然束手无策。在当事人本人都无法回忆、讲述自己的经历的情况下，是没有办法通过诉讼或集体谈判方式进行维权的。

可见，当一个人的精神遭受极其严重的破坏后，就会连自己的合法权利都无法维护。

对照第 3 章的企业行为的套路分类，吸血企业之所以会摧毁员工的精神，既可能是在"筛选"，也可能存在"用后即弃"式压榨、"非可持续性用工"的因素。首先彻底压榨员工，一旦其失去了利用价值，则让其患上抑郁症，彻底击垮员工。而在"职场崩溃"的情况下，如果领导个人觉得某个员工"不顺眼"，也会故意逼他患上抑郁症，迫使他离职。

在接受咨询的过程中，我明显感受到，2008 年金融风暴后这种用工方式迅速在日本扩散。金融风暴后，很多企业一方面取消已经发出的录用通知，清退派遣工，另一方面也毫不留情地压迫新入职的员工，进行职场霸凌。他们在不知不觉之间，被企业以"因个人原因离职"的方式解雇。这种"抑郁解雇法"在金融风暴前就已经存在，只是在金融风暴后才被大规模地用到了刚刚入职不到一年的应届生身上。

最令人愤怒的是，企业将这一现象包装成"年轻人稍有不顺就辞职"的问题进行宣传。也就是说，企业利用年轻人"因个人原因离职"这一表面上的理由，反过来将责任转嫁到他们身上。关于这点，我将在本书第 2 部中详述。

逼迫离职的"技术"越发炉火纯青

规避解雇、逼迫离职的"技术"，在不同企业中获得了不同程度的发展。我根据经手的众多咨询案例，将这类"技术"总结为几个大类。

第一种叫"面谈法"，是指企业通过个人面谈的形式为员工制定抽象的"目标"，反复要求他们进行自我反省的方法。这种方法的本质，是通过面谈促使员工不断地进行自我否定，进而逼迫他们自行离职。比如，让员工结合自己的工作能力、从小到大的成长环境、从前的"懒惰的人生"等因素进行反省，并从中推导出工作业绩不佳的理由。通过这个过程，让员工认识到工作中出现的"问题"都源自自身，是无法解决的、本质性的问题。比如将员工业绩不佳归咎于"从小就是个懒惰的人""父母娇生惯养""缺乏对周围的感恩之心"等问题。通过这种方式让员工认为自己是个一无是处、毫无价值的人。这种方法最具代表性的事例，就是本书第 1 章所介绍的 Y 公司的例子。

第二种叫"特殊待遇法"，是指通过设置诸如"预备员工""准员工""试用期"等繁多的名目，方便达到逼迫员工离职之目的的雇佣方式，并以此让员工自觉产生离职的意识的方法。采用这种方式的企业通常会要求员工自己选择"是离职还是当'预备员工'"。对于企业突然提出的要求，大多数年轻人都无法冷静地思考、判断。这里所说的"特殊待遇"具体也有很多种类，既有为了让员工辞职而设置本不需要的岗位，也有"这是你当正式员工最后的机会，但合同字面上需要先改成合同工"这种威胁员工的方法。一旦员工选择成为"本应离职的正式员工"，就会在公司中遭受彻底孤立，不仅无法参加公司活动，也无法出席会议。不仅如此，如果员工不是正式员工而是合同工，则很可能会被公司降为"准员工"或"小时工"。此类公司的种种招数名目繁多，不一而足。

在法律上，公司变更员工的待遇和公司单方面解除劳动合同的"通告"具有相同的性质。然而在员工看来，待遇的变更非但不是公司单方面的行为，反而是自己主动做出的选择。因为在员工看来，"选择是否继续留在公司的是自己""不抓住公司给予的最后一次机会，自己就要（对业绩不好）负责"。哪怕知道解雇的法律责任在公司一方的员工也会感到"自己做出了这个选择，所以应该自己负责"，而主动选择辞职。可以说，这种逼迫员工自行离职的方式，是一种手法高明的心理陷阱。

第三种叫"指标与选择法"，是一种通过给员工强加高强度业绩指标达到逼迫离职的目的的方法。由于业绩指标是否合适缺乏明确的标准，究竟怎样的业绩指标才算"合理"，不光用人单位和劳动者，就连社会规范和法律法规上都没有明确的界定。因此，员工是否达成公司下达的指标，通常被归结为是员工工作能力和工作方法的问题，如果员工最终无法达成指标，还是会被迫"因个人原因离职"。公司所进行的所谓"改善"和"重新培训"都只是走个过场，甚至只是为了定性员工"工作能力差"的手段之一。诚然，并非所有指标都是为了逼迫离职。在为员工下达指标的职场中，有很多都是真心希望通过这种方式帮助并促进年轻员工成长和进步的。但是问题在于，对于"公司出于何种目的为自己下达指标"这点，员工是无从得知的。如果这个指标并非为了促进员工进步而是为了逼迫离职，那么员工越是认真面对指标，就越会失去心理健康，甚至会影响今后的职业人生。如果真的到了这种地步，那么辞职对于员工来说或许是一个更好的选择。

不断进步的"柔性逼迫离职"

逼迫离职的"技术"除了上文介绍过的方法之外，还有很多亚种、变种。吸血企业利用各种心理上、法律上的知识，不断升级逼迫离职的方法。在近期的案例中我发现了一个明显的趋势，那就是上文中提到的各种逼迫离职的手段越发"柔性"和"隐蔽"。

通过将逼迫离职的手段"柔化"，比起"民事杀人"，企业能够更加隐蔽、巧妙地躲过法律的监管。近年来，在各个 NPO 和工会积极开展咨询活动的影响下，上文中提到的职场霸凌行为已经出现了一定程度的收敛。员工只要将职场中带霸凌性质的发言录音，或进行记录，就能向企业提出赔偿。劳动者通过上述方法留下证据后前往 NPO 和工会咨询，通过诉讼或集体谈判进行维权的事例已有很多。因此在吸血企业看来，如果逼迫离职的手段太过强硬，员工很可能会保留证据并进行咨询或起诉，进而发展成劳动纠纷。

这一趋势逐渐扩大后，越来越多的企业开始进一步规避诉讼和赔偿风险，通过更加隐蔽、安全的手段来霸凌员工。这种方法被称为"柔性逼迫离职"。

柔性逼迫离职通常不会采取明显的霸凌行为，而是持续不断地让员工在公司里感到越来越不自在。最典型的手法就是打招呼不回。一些我接到咨询的案例，也出现过公司每过一段时间就会问员工"有什么想法"的情况。如果只看字面，大概没人会和霸凌行为挂钩。但是，类似"有什么想法"这种提问，隐约之间会营造出让人觉得难以继续在公司工作的氛围，并给员工带来离职的压力。实际上前来咨询、给笔者讲述了上述情况的一位当事人自己就觉得很难继续留在公司，唯一的选择就是离职。

此外，在很多案例中还有"你能力太差，公司为你着想，建议你考虑一下别的路子""你不太适合这个工作，公司为你着想，建议你去找找有没有更适合的工作""现在的工作干不好，公司可以给你介绍更适合你的工作"之类的说辞，甚至还有领导对员工说"当时如果我是人事，就不录取你了"的话。不仅如此，在一些咨询案例中，公司不给员工安排任何工作，员工主动做的工作却得不到公司的正面评价。在这些案例中，公司虽然在行劝退之实，但手段却并非直接逼迫，而是通过领导不断渗透劝退的氛围，让员工感到难以继续在公司工作，以此达到劝退的目的。

在上述事例中，员工很难保存公司进行霸凌行为的证据，而且就算留下证据，这些证据也有很大可能还达不到违反法律的程度，因此很难从根本上改善这一状况。因此在绝大多数情况下，就算员工试图通过借助政府机构、律师、工会的力量来解决问题，也需要被动等待用人单位加强劝退、逼迫离职的霸凌行为的力度以留下足够的证据，或等到用人单位下决心解雇，因此会浪费很长的时间。

如此一来，在工作环境持续恶化，甚至损害到自身心理健康的状况下，员工却无法及时进行取证和维权，还需要长期等待。如果员工在保留足够的证据之前就患上抑郁症，或抑郁症病情加重，不但无法解决问题、维护自身权益，反而会伤害到自身的健康。是留在公司继

图 1 "柔性逼迫离职"示意图

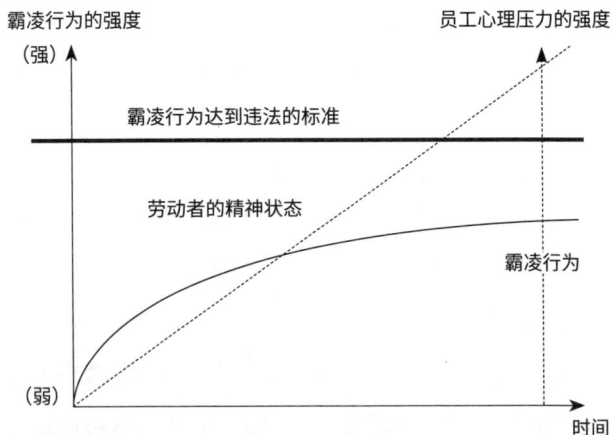

续收集证据，还是顾及健康离职，对员工来说是一个进退维谷的局面。绝大多数员工在不断忍受公司霸凌行为的过程中，在领导的各种行为的打击下，精神上的负担越来越重，最终只有被迫"因个人原因离职"。

目前，律师等法律专家正在研究如何应对"柔性逼迫离职"的问题，但实际上，除非劳资关系出现根本性变化，否则仅靠法律和诉讼很难从根本上解决全部问题。目前来说，要纠正这一现状，也只剩通过工会正式出面处理来自企业内部的劳动者的各种投诉一途。

企业逼迫员工离职的技术钻了法律的空子、躲过了社会的监督，变得越来越隐蔽。躲猫猫式的状态在短期内仍将持续。

如何对抗日益高明的"逼迫离职技术"

就像本章开头所述，企业解雇应届毕业生的门槛极高。然而随着企业逼迫离职的手段不断推陈出新，逼迫应届毕业生离职也不再是一件难事。

2012 年 6 月，我接连收到多名来自某大型企业的员工的咨询，他们入职仅 2 个月就遭到解雇。大企业、应届毕业生、2 个月逼迫离职——这样的案例对于已经开展了6年劳动咨询的我来说都是初次耳闻。我们甚至可以说，在吸血企业看来，应届毕业生的价值简直是粪土不如。它们既没有对刚刚走向社会的年轻人的"情"，也没有对于社会的"义"。对于吸血企业来说唯一重要的，就只是获取利益，片面追求自身利益最大化。为了实现这一目标，它们不惜损害社会，同时也不忘将自身风险降至最低。在这一过程中催生的"逼迫离职技术"无论有多违反人道，只要吸血企业有利可图，就会不断推陈出新。

对于吸血企业来说，"逼迫离职"的技术只是它们"合理"提高"经营效率"的一环而已。

正因为如此，年轻人也同样需要采取战略性的行动。要对抗吸血企业不断升级的"逼迫离职技术"，年轻人也必须不断提高自身能力，采取战略性的行动。

第5章 如何正确维权

学会"具有战略性的思维方式"

在本书第1部的内容中，我们对吸血企业是如何荼毒一个个刚刚步入社会的年轻人做了一定程度的分析。相信读者对年轻人受害之深、范围之广已经有了一定程度的认识。但是我们放眼社会却会发现，挺身揭露吸血企业的年轻人反倒经常被批评是"没有担当"的人。比如，"应聘吸血企业只能怪自己""还有很多人在吸血企业里努力工作，也没有叫苦叫累""只有不愿吃苦不愿付出的人才张口闭口说什么吸血企业"。

但是，从前4章中我们已经清楚看到吸血企业冷血无情地吞噬着一个个应届毕业生的事实。在我看来，那些叫嚣"年轻人应该在吸血企业里学会忍耐"的人才是最没有担当的人。面对吸血企业不断推陈出新的剥削方式，我们必须加强认识，进行具有战略性的应对。

正如本书第 4 章所述，如果企业想要逼迫员工离职并对员工进行职场霸凌和业务指示，那么无论员工怎样忍耐都是没有未来的。就算员工不断忍耐，也只会罹患抑郁症，葬送自己的职业人生。不仅如此，看不到尽头的低工资、超时劳动，就算不会立即带来身心的伤害，也会剥夺劳动者长期的工作潜力。结果，无论是劳动者的职业生涯，还是结婚、生产、育儿、养老护理等个人生涯都会遭到破坏。

在这样的大背景下，劳动者和用人单位"保持适当距离"的工作方式反而更加现实。如果员工期待企业能按照其工作付出程度制定年功序列的薪资制度，企业反而会利用员工的这一心理，"战略性"地追求利益最大化，不给员工留任何情面。既然无论怎么努力都不会获得回报，劳动者一方也只好拉开和企业之间的距离，对企业进行"冷处理"。在"后吸血企业时代"，劳动者运用的与用人单位相处的方式，将会变得更加冷静、现实。

这种思考方式下的第一结论，就是与其忍气吞声，不如一辞了之。与其在不断的隐忍中患上抑郁症，还不如辞职保全健康。毕竟一旦患上抑郁症，想要根治十分困难。

但是，除了辞职之外，劳动者其实还有另一个选项。那就是直接迎击吸血企业，积极维护自身合法权益。反正忍气吞声也同样没有未来，倒不如积极争取自身的合法权益，甚至通过抗争改变公司本身。既然员工已经走投无路了，那么出来抗争也是非常合理的选项。

无论是辞职还是抗争，员工既然已经不慎进入吸血企业，就必须要在患上抑郁症之前做出选择。然而无论怎样，"只要忍一忍就会好起来的"这种感情用事的想法都是不正确的。如果遵从公司要求，一味隐忍，那只是放弃独立思考而已。员工需要的是冷静甚至冷漠的"战略性"思维方式。

患上抑郁症之前的五个思维方式和行动准则

在本章中，我将会介绍劳动者在和吸血企业对峙时所应具备的基本思维方式。必须在患上抑郁症之前，做好战略性的思想准备。

战略性思维的第一条，就是坚信自己**"没有错"**。如果你的思维陷入"自己有错"的陷阱，就无法对自身所处的环境做出正确判断。我们已经在第3章和第4章中看到，吸血企业的战略就是让年轻员工掉进"自己有错"的泥潭。所以，我们坚决不能掉进这一陷阱。越是感觉自己有责任自己有错的时候，就越要沉着冷静地提醒自己"这都是对方的圈套"，绝对不能陷入自责之中。能做到这一点，就能在很大程度上降低罹患抑郁症的风险。

第二，是**"时刻对公司保持怀疑的态度"**。公司制定针对员工的策略的时候，好坏姑且不论，但一定是始终有战略性的盘算。这一战略性，不是对员工"好"或"不好"的问题，而是企业作为一个追求盈利的组织理所应当具备的性质之一。在这一前提之下，吸血企业采用了"用后即弃"式的用人战略，无情地压榨年轻员工。

因此，为了保护自己的合法权益，要时刻对公司抱有怀疑的审视态度。在第1章Y公司的事例中，通过接连不断的"谈话"和"骚扰"将员工逼成抑郁症的领导，在公司中居然十分受被霸凌者的尊敬和欢迎。他们尊敬领导的理由，竟然是在遭受高强度霸凌期间的某一天，领导在午休时间"陪员工打棒球"。这位领导为了避免员工将不满的矛头对准公司，用起了"胡萝卜加大棒"的手段。而X公司的事例中，公司则通过"停薪留职"的方式让员工主动辞职。在这些事例中我们可以发现，吸血企业从头到尾都有一整套完美的战略。员工必须牢记这点，绝不能掉以轻心。

还有一点我们绝不能忘记，那就是理论上所有的企业都有可能采用和吸血企业相同的战略。哪怕是传统的优良企业，也有可能在找人事咨询公司"出谋划策"后转眼变成吸血企业。经营状况恶化、企业战略转型、公司管理层的变化都有可能对企业造成影响。吸血企业钻法律空子的战术对于普通企业来说同样适用。正因为如此，每一个就职于企业的劳动者都不能掉以轻心，必须时刻保持警惕。如果你还认为"自己的公司不会是吸血企业"，那就太天真了。企业有企业自身的逻辑，如果有必要，它们可以随时采取行动。只会一味相信公司的"老好人"，在今后的时代会越来越难以生存。

但是我这样论述，可能有很多人都会反驳说，如果每天一味疑神疑鬼，不光无法正常工作，甚至会耽误自身今后的成长。对于这点我也十分赞成。和公司建立起稳定的信任关系是提高工作热情的必要条件，每个劳动者倾注在工作上的热情，对于提高社会整体生产效率来说至关重要。如果只是一味怀疑，难免影响效率。但是我们不能忘记，如果劳动者每时每刻都置身于吸血企业的威胁之下，那么只好退而求其次选择"怀疑"。本书将在后面的内容中详细论述这一问题。

第三，是**"不轻易放弃"**。如果轻易放弃，只能任凭吸血企业宰割获利，是无法保护自己的合法权利的。事实证明，吸血企业的目的，就是迫使员工放弃自己的合法权利。它们"剥削有方"的最高境界，就是让年轻员工心灰意冷，主动放弃自己的权利。

不光是上文中提到的"胡萝卜加大棒"的战略，还有所谓的"领导谈话"、鼓励"不断挑战"的说辞，这些全都是让员工放弃抵抗心理的圈套。他们在与领导谈话中发现自己的"不足之处"，受到挫折，在"不断挑战"中不断失败，进一步受挫……这些全都是吸血企业精心设计的战略性圈套。所以，我们必须要记住一点，那就是绝不放弃。只要我们不主动放弃行使合法权利、坚持伸张正义，这些权利就绝不会凭空消失。正因为如此，吸血企业才会通过霸凌行为对员工实施"民事杀人"的手段，在心理上剥夺他们行使正当权利的主动性。

但是，我在上文中也曾提到，"抗争"并不是解决问题的唯一方式。如果"抗争"确实存在困难，那么"放弃"也是我们的选项之一。身体健康是主张权利的先决条件，我们首先需要做到的是保护好自己的健康，避免患上抑郁症。

第四，是"**善用劳动法**"。上文也曾提到，吸血企业会通过各种圈套诱使员工认为自己有问题。对此，能够坚定我们维权信心的战略性武器就是法律。

首先，如果吸血企业存在不支付加班费等明确的违法行为，我们作为这个社会的一员，有充分的理由去纠正这种违法行为。纠正这种行为就像需要遵循社会常识、规则、礼貌一样，是我们理所当然、毋庸置疑的责任所在。试想，普通企业遵纪守法、正当竞争，而违法企业却通过种种不正当的行为施诈耍滑、攫取利益，在一些情况下甚至会压迫正当企业的利润空间。如果我们对企业的违法行为视而不见，一味隐忍，作为公民反而是一种极不道德的行为。所以，即使是为了支持正当企业，也应该不断打击违法企业。

如果我们站在法律，也就是社会公平正义的视角去看待吸血企业问题，视野就会截然不同。劳动者隐忍企业的违法行为，从社会的角度来看是不合理的。而且，我们只要正当使用法律武器，最终一定能保护自己的合法权益。

其次，法律上的权利存在与否，有时只有在抗争中才能得到确认。在公民社会中，很多主张的正当性并非天经地义、与生俱来，而是在抗争中得到承认的。本书中介绍的成文的法律法规都是在漫长的抗争过程中沉淀下来的成果。反过来讲，没有抗争就没有法律法规，这就是民主社会的原理。因此，如果对自己的主张是否合理心存疑虑，那么首先可以选择据理力争。这种做法是符合法律思维的。

第五，是"**善用专家**"。在很多情况下，我们可以冷静地分析，战略性地进行思考，但我们终究不是解决劳动纠纷的专家。要想在纠纷中赢得最合理的结果，必要条件是借助专家的帮助。退一步讲，就算选择不抗争，只是辞职，也最好找专家咨询自己辞职后能享有哪些合法权利。工会和NPO不仅会向咨询者提供必要的帮助，还会减轻他们在后续纠纷中的精神负担。

但是，有一点特别需要注意。有一些所谓"专家"并非保持中立，而是会偏向用人单位一方。还有很多"专家"既无知识，也无胆识。要想有战略地维护自己的合法权利，一定要找明确站在劳动者一方的专家咨询。

下面，我将站在用人单位一边的专家和站在劳动者一边的专家的特点汇总成表。我经常遇到被企业一方的社会保险劳务士和驻企医生用错误的说辞洗脑后放弃维权的咨询者。因此，对于站在用人单位一方的"专家"我们必须始终抱着质疑的态度。

表 3　专家立场比较表

用人单位一方	劳动者一方	备　　注
律师	劳务问题律师	找劳务问题辩护团的律师咨询最保险。
企业工会	个人加盟工会	最好找企业外部的工会，而不是企业工会商量比较好。但是，不同的工会擅长领域不同，解决问题的能力参差不齐，最好事先找 NPO 咨询，以便找到合适的工会。
社会保险劳务士、驻企医生	劳动局	劳动局的综合咨询柜台接待咨询的并非监察官，而是外聘的社会保险劳务士等人员。因此仅靠劳动局就能解决的问题非常有限。
	各地政府机关的咨询窗口	各地机关咨询窗口的工作人员能力参差不齐，处理纠纷时普遍水平较低。
	劳务问题 NPO	虽然能提供较为全面的信息，但真正面临纠纷的情况下，还是需要接受工会和律师的支援。

实际上，和吸血企业狼狈为奸、为吸血企业建言献策的，正是所谓的"吸血专家"。他们以"律师"和"社会保险劳务士"的头衔为武器，将违法行为进行包装使

之正当化。他们之中的一些人，甚至干起了发文胁迫劳动者的勾当。因此，我们绝不能被对方的头衔所迷惑。如果对手找了负责用人单位战略的专家，那我们只要找劳动者一方的专家咨询就好。

如果需要找律师，最好去找"日本劳动辩护团"的律师咨询。普通律师不一定熟悉劳动法，甚至可能遇到站在用人单位一方的律师。

此外，在找劳动局和企业工会咨询时也要多加小心。企业工会很多都和用人单位串通一气，根本不会维护员工的合法权益。不过，在找劳动局咨询时也要注意，如果不熟悉套路可能吃闭门羹，或是被外聘的社会保险劳务士等人员误导。

维权手段

和吸血企业进行维权抗争的方法共有下面四种：

① 自行和企业谈判；

② 和政府相关部门一起谈判；

③ 加入工会进行谈判；

④ 起诉。

接下来我将逐条说明上述方法。

第一种，劳动者**自行和企业谈判**完全是徒劳的。和公司的咨询窗口、人事部门、社会保险劳务士、驻企医生进行谈判后状况得到改善的可能性几乎为零。在绝大多数情况下，信息都会直接传到加害人的耳朵里，从而使事态进一步恶化。虽然也有例外，但企业是否认真对待劳动者的诉求，对于劳动者一方来说完全不可控，只能听天由命。因此，劳动者绝对不可以毫无防备、毫无战略规划地去找上述企业自身的窗口咨询。只有在找专家咨询后，以战略性地利用上述窗口达成某种目的的前提下，才可以这么做（虽然几乎不会有这种情况）。

第二种是**和政府相关部门一起谈判**。在这种场合下，虽然企业的态度有可能在相关部门的指导和提议下获得一定改观并解决劳动者的问题，但是解决问题的水平普遍偏低。而且，如果企业拒绝沟通，甚至无视相关部门的指导，事态就很难获得进一步改善。坦率地说，我们很难期待吸血企业会乖乖地服从政府的要求做出改善。因为它们从一开始就是有计划地钻劳动法的空子，不仅不惧怕政府部门的指导意见，甚至根本不会坐到谈判桌上和劳动者沟通。哪怕最后谈判出结果，也只能解决极其表面的问题。实际上，吸血企业完全无视政府部门的指导是家常便饭。不过就算如此，劳动者和政府部门一起谈判，也比单枪匹马挑战吸血企业结果要好得多。我们可以从相关部门获得工会、诉讼等相关知识和信息，相关部门的指导意见也有可能产生一定的效果。

在和相关部门一起与吸血企业进行谈判时还有一点需要注意，那就是劳动者向劳动局告发吸血企业的时候，很可能由于缺乏专业知识而遇到困难。所以，最好的办法是事先从与劳动相关的 NPO 等组织了解了收集证据的方法、申诉方法、诸多行政窗口职能上的区别等知识和信息后再去告发。

第三种是**加入工会进行谈判**。上文提到过，这种情况下需要注意不能找该企业的内部工会，而要找可以个人加盟的工会来进行咨询和谈判。很多人对于工会的认识，可能还局限于在学校上宪法课时所学到的知识。实际上，工会解决问题的能力是超乎我们想象的。加入工会后进行谈判和与政府相关部门一起谈判最大的区别在于，企业无权拒绝劳动者通过工会进行的谈判。因为日本的《工会法》规定，企业有接受集体谈判的义务。不仅如此，企业还有义务诚意应对谈判。如果企业拒绝履行该义务，劳动者一方可以依据法律申请政府部门的行政救济。

在通过工会进行集体谈判的时候，劳动者可以和工会的谈判专家一同有战略地追究企业的违法责任。在厘清事实、摆明法律条款后，可以要求企业改善状况并进行索赔。当然，在进行谈判的这段时间，只要劳动者还在企业工作，就很有可能会遭受来自企业的霸凌行为。在这种情况下，劳动者可以通过工会行使法律赋予工会的罢工权，让企业停摆，或将霸凌行为本身作为谈判时的证据之一，追究企业违法责任。

可以说，通过工会进行集体谈判是最具战略性思维的应对方法。曾有一名工会成员的案例让我印象十分深刻。这位成员作为合同工供职于一家大型企业的子公司。为了纠正公司的违法行为，他和公司进行了集体谈判，此后被公司安排到了重要部门工作，并在这个部门里受到了所谓的"柔性逼迫离职"的待遇。如果他按照领导交代的方法去推进工作，就一定会出现失误，然后就会受到领导的批评。显然这是领导有意让他产生失误，部门里甚至有人说他"白拿工资不干活"。他在部门中负责销售，有时客户会提出"不切实际的需求"，但如果他无法令客户满意，同样会遭到"工作能力太差"的批评。实际上，从这个部门离开公司的同事，没有一个是被公司解雇的，全都是自行离职的。为了逼迫员工离职，该公司使用了限制出勤、降薪一半等手段。这位工会成员就被降薪到了每小时 900 日元，还被限制了出勤。

通常情况下，人被折磨到这个地步会患上抑郁症等心理疾病。然而他却非但没有患病，反而将集体谈判后公司对其施加的种种霸凌行为全部留存记录，战略性地保全了下一次谈判时的证据。公司越是霸凌他，他就越能通过法律手段揭露公司的违法行为。健全的职场就是在"具有战略性的思考方式"和日积月累的改善中形成的。我们不能一味在看不到希望的黑暗之中选择隐忍，而是要以积极的、具有战略性的态度去行动，"以其人之道，还治其人之身"。而实现这一目的的大前提，是需要先加入能够帮助我们坐到谈判桌前的工会。

另外，对于用人单位来说，劳动者能够以个人身份参加的工会组织，无疑是一种不知底细的存在。用人单位之所以会抱有这种看法，是因为其自身过于依赖公司内部的劳资关系。企业内的工会尽管在调薪谈判中发挥了一定的作用，但对于企业内部发生的霸凌行为却束手无策。防止企业内的霸凌行为对于提高员工的工作能力本应是至关重要的，然而在这一点上企业内的工会显然缺乏"自净作用"。因此在这层意义上，外部工会这一"不知底细的存在"对于企业来说，无疑是最严厉的"监察员"。所以，对于用人单位来说并不需要恐惧外部工会介入，而是应该将其当作发现内部违法行为和霸凌行为、提升企业合法合规运营水平、建立健全职场规则、提高员工工作能力和积极性的契机。

第四种是**起诉**。劳动者要找熟悉并理解劳动纠纷的律师，同时需要耗费相当多的费用和时间。因此，去法院起诉最好能够借助 NPO 和工会的力量。

近年来，日本与劳动纠纷相关的审判制度越发完善，可以不经过漫长的正式审理流程，而走简化后的法官快速审理程序。虽然劳动纠纷案件的审理，仅在双方达成和解或双方对于判决结果没有异议的情况下才产生法律强制力，但是由于案件是经由法官审理，因此问题解决的概率很高，再加上结案所需时间很短，因此产生的费用和时间上的负担相对较小。不过，无论是正式审判流程，还是劳动纠纷快速审理程序，如果需要聘请律师，都会开支不菲，因此除非是涉及高额赔偿的案件，否则这笔费用对于劳动者来说是否划算，是一个需要慎重考虑的问题。

最后，我还想再次强调，无论劳动者通过什么方式解决问题，证据都是最为重要的。除了找专家咨询以外，劳动者自身务必要注意保全证据，用录音笔留下职场霸凌行为的录音，同时养成日常记笔记的习惯，记下领导的指示内容、上下班时间等。这些日常的记录在将来发生争议的时候，将成为重要的证据。

反过来，如果自己没有留下证据，就很难通过第三方的证词来认定用人单位的违法行为。比如，某位员工过劳死之后，公司会立即将其办公桌清理干净，同时删除其电脑中的数据，销毁其全部文件，并在公司中发布封口令。如此措施下，死者家属完全无法收集任何证据，只好放弃起诉。

就算家属提起诉讼，公司也可以推脱说"死者同事都在正常工作"，或者"死者本身体质就不好"。家属一方很难反驳。就算员工没有死亡，而是患上抑郁症等心理疾病，情况也是一样。没有证据，我们就无法追究公司的责任，哪怕患抑郁症也会被归咎为"员工个人原因"。

如何应对"筛选"

接下来，我将依照吸血企业的套路，分门别类介绍应对方法。

企业大量招聘后，在对员工进行"筛选"、逼迫离职的时候，通常会依照本书第3章中所介绍的"入职后持续'筛选'"（套路3）和"战略性地进行职场霸凌"（套路4）的方式进行。同时"正式员工有名无实"（套路2）也是"筛选"时经常会出现的现象之一。

首先，无论吸血企业如何变换花招，劳动者都应该以不变应万变，拒绝"因个人原因离职"。吸血企业唯一的目的就是将劳动者逼上"因个人原因离职"的绝路，因此一旦让它们得逞，劳动者就输了。此时，坚决拒绝"因个人原因离职"的底气最为重要。

如果劳动者拒绝"因个人原因离职"，吸血企业就会实施"战略性地进行职场霸凌"（套路4），打出强硬牌。如果企业直接将员工解雇，那么在现行法律框架下，员工维权非常容易。如果企业想要规避解雇，开始对员工进行霸凌，那么我们只需要留下证据即可。当出现霸凌行为的情况下，员工既可以起诉公司，也可以通过工会进行集体谈判。如果霸凌行为过于严重，还可以以霸凌行为过于严重无法继续劳动为由，要求公司赔偿其因此造成的全部损失。此外，如果劳动者患上抑郁症，还能通过申请工伤保险来补偿薪资和医疗费。但是，工伤保险同样存在证据门槛，劳动者一方同样需要提供充足的证据。

当然，劳动者主动预防抑郁症同样重要。在吸血企业的霸凌行为升级到难以忍受的情况下，可以通过停薪留职、罢工等各种方式来预防抑郁症。必要时和精通劳动法的专家商量应对的具体办法也十分必要。但我们首先要知晓有这些应对方法，培养出战略性的思考方式，才能避免一味忍受，患上心理疾病。

其次，在"正式员工有名无实"（套路 2）的情况下，如果吸血企业在试用期内将员工解雇，那么员工一方则可以直接通过诉讼和集体谈判来维权。其实，企业在试用期内解雇员工远比企业所想象的要困难得多。因为就算对方是在试用期以内，也是企业招聘来的正式员工。除非员工存在严重的能力问题，通过培训、指导也无法弥补，否则用人单位是无法随意开除试用期内的员工的。因此，吸血企业开除试用期员工的行为几乎无一例外都是违法的。对于劳动者来说，在面对这种情况的时候，"不放弃"是最重要的心理建设。

在这种情况下，劳动者需要十分警惕本书第 4 章中提到的，用人单位以"再给一次挑战的机会"为诱饵，引导劳动者由正式员工转为非正式员工（合同工、小时工等）。当遇到这种情况的时候，劳动者需要坚决拒绝。一旦劳动者被吸血企业的花言巧语引诱上钩，就会失去一切正式员工的福利待遇。因此，一旦受到用人单位约谈，劳动者应该立即找专家咨询，千万不能相信"是自己不好"，或认为"需要抓住最后一次机会挑战上进"。此时劳动者需要保持冷静，不断摸透对方的战略，来制定自己的战略。

如果用人单位既不解雇，也没有明确的违法行为，而是对劳动者实施"柔性逼迫离职"，则只有像上文中介绍的那位工会成员一样，通过集体谈判来解决问题。

我们应对"入职后持续'筛选'"（套路3），应和应对"柔性逼迫离职"一样，不能主动辞职，而是要正面和企业谈判，要求企业改善内部氛围和违法的劳务管理制度。加入工会进行谈判是最为有效的手段。但是，如果劳动者没有决心去改变用人单位的现状，则应该在患上抑郁症之前辞职，或找律师咨询，尝试通过法院起诉吸血企业，要求其赔偿因霸凌行为造成的损失。

应对"用后即弃"式压榨

本书第3章中提到，"用后即弃"式压榨、非可持续性用工一共有"不支付加班费"（套路5）、"扭曲的'36协定'和超时劳动"（套路6）、"设障碍阻止员工离职"（套路7）等三种套路。以下将逐一分析此类情况下应如何拿起法律武器维权。

关于"设障碍阻止员工离职"（套路7），我们只须记住劳动者有离职的权利。公司可能会搬出"向劳动者索赔"等种种说辞，但这些威胁几乎都是毫无意义的。

《宪法》赋予我们选择职业的自由，因此选择在哪家公司工作，是劳动者的自由。虽然确实存在一些公司向离职员工索赔的事例，但都是非常特殊的个案。

关于"不支付加班费"（套路5），上文中我们已经看了很多公司百般推脱拒绝支付加班费的事例。然而，无论吸血企业找什么借口，《劳动基准法》明文规定，工资支付应以"全额支付"为原则。因此，公司从员工工资中抽成或以惩罚为名克扣员工工资，原则上都属于被法律禁止的行为。

当然，既然是"原则"，就有一定的例外，比如"惩罚""概算加班时间""管理岗"等情况。其实我们完全没有必要去记住这些词汇，因为法律对这些"例外"情况有非常严格的规定，尽管吸血企业十分擅长使用这些法律术语进行伪装，但事实上却是它们自己在做出种种违法行为。几乎在所有的案例中，吸血企业的行为都不满足法律规定的执行"惩罚"和"概算加班时间"的条件，甚至有很多企业都没有向有关部门提交备案。不向"管理岗"员工支付加班费的行为，在绝大多数案例中也属于违法。

因此，如果企业不支付加班费，不需要自己去学习法律知识，可以直接以企业违反法律原则去找专家咨询。在员工对法律一知半解的情况下，反而容易被企业的花言巧语蒙蔽。我们要学会质疑企业，坚信法律原则，最重要的是，需要战略性地去应对企业的行为。

企业不支付加班费的情况中最为棘手的是企业实行固定加班费制度。在本书前几章介绍的事例中，企业将劳动合同中规定的保底工资压得很低，然后将压低的部分以"基本工资中的固定加班费"的形式补齐，通过这种方式在形式上向员工支付加班费，规避"不支付加班费"的风险。对于这种情况，劳动者有两种应对方法。第一种是在签订的劳动合同中并未明确规定基本工资中已包含加班费的情况。这种情况可以定性为用人单位欺骗劳动者，劳动者有权要求用人单位支付足额的加班费。无论是通过起诉，还是找劳动部门投诉，又或者是集体谈判，都可以相对简单地实现自己的诉求。

第二种是劳动合同中明确规定基本工资中已包含加班费的情况。这种情况下，由于劳动合同已经生效，除非修改合同文本，否则是无法改变现状的。应对这种情况的唯一方法就是加入工会，在工会帮助下和用人单位进行谈判，修改劳动合同的内容。只是，几乎所有劳动者的意识都集中在追究吸血企业的违法行为，而没有人试图去改变吸血企业本身。但是，面对吸血企业我们不应轻言放弃，而是应该学会战略性思维，去改变吸血企业。加入工会进行集体谈判，就是改变吸血企业的方法之一。通过集体谈判中的长期斗争，可以督促企业改变超时工作和过于繁重的工作指标，防止企业做出摧残劳动者精神、影响生活的不利行为。像这样以改变吸血企业本身为目标导向的思考方式，才是最有战略性的。

对于"扭曲的'36协定'和超时劳动"（套路6）也是同样的道理。在现行法律下，我们很难改变劳动时长和合同内容本身，只能在员工患病或死亡后，才去追究企业的违法责任。然而就算事后能够问责企业，却也为时已晚。

"逃离"无法根除吸血企业

因此，我们真正需要做的，是在年轻人患上抑郁症或过劳死之前，彻底改变吸血企业的性质。为此，我们每个人都需要培养战略性思维，充分利用法律武器和工会等组织去改变吸血企业。

对付"设障碍阻止员工离职"（套路7），根本上也是同理。找到我求助的咨询者中，绝大部分人的诉求都是想要从吸血企业辞职。上文中提到，每个劳动者都有辞职的权利。在辞职的同时，要求吸血企业支付克扣的加班费，也能对其造成一定的打击。

但是，如果我们只是从吸血企业"逃离"，是无法从社会上根除吸血企业的。细观近年社会，吸血企业非但没有减少，反而呈增加态势。这样下去，能够给我们"逃离"的空间只会越来越小。实际上，很多人都有辗转多个吸血企业的经历。因此，解决问题的根本方法，是改变吸血企业本身。这才是能够在根本上解决问题的"战略性思维"。

【第2部 吸血企业是一种社会问题】

在本书的前半部分，我们列举了劳动者个人所受的危害，以个体预防和应对方法为中心分析了吸血企业问题。在接下来的内容中，我们将分析问题的角度从个人转向社会，分析吸血企业作为社会问题的一面，并尝试提出解决吸血企业问题的方案。

第6章　吸血企业吃垮日本

　　所谓吸血企业问题，是指处于扩张期的大企业通过大量招聘、大量解雇（离职）等方式压榨、摧残年轻劳动者的行为。但是，我在处理大量劳动咨询的过程中发现，受到吸血企业问题危害的不仅仅是一个个案例中的当事人，未来的日本也同样会因此面临一系列严重的社会问题。

问题一：摧残年轻人才

　　在吸血企业造成的社会问题中，最为突出的一点就是摧残人才。我们在第1章中看到的大型服装销售企业X公司，就是以国际化经营为卖点，在同行业的招聘市场中占据异常有利的地位，从而招揽到大批优秀的人才。实际上，接受我采访的三位当事人也均毕业于全国排名靠前的名校，其中还有人获得不止一家知名企业的录用通知。她们在求职过程中投出去的简历不过 10 份至 30 份，可以说在人才市场中十分抢手。对于毕业生来说，X 公司也属于极受欢迎的顶尖企业，据说最后一轮面试的合格率也只有 1/7。

X 公司能吸引毕业生的要素有很多，比如企业内"说到做到"的氛围就是其中之一。从这点我们可以看出，大众媒体对于知名企业的宣传会对学生求职的心态和行为产生很强的影响。然而令人深思的不仅是这点，还有很多学生是被以"国际人才"的名义招进企业的，他们期待能够在这样一家大企业中充分发挥自己的能力，同时还强烈期望自己能够在这个过程中获得进一步提升。

然而，当他们实际入职这家企业之后才发现，等待他们的并非能力提升的良机，而是要求他们学会"服从"、不近情理的培训。本应成为人生重要成长机会的第一份工作，却在企业的压榨中虚度。他们中的绝大多数人都被分配到了位置偏僻的分店，在那里等待着他们的是抄写公司规章等徒劳的工作，还有残酷的超时劳动。抄写公司规章和提高员工能力全无关系，仅仅是公司为了培养员工服从性的管理手段，完全没有任何经济上的合理理由。公司将员工分配到偏僻的分店工作这一行为本身无可厚非，但X公司嘴上喊着招聘"国际人才"的口号，实际上做的却是磨灭他们的尊严和个性，培养、"筛选"服从公司管理的"奴才"。这一过程毫无"有效利用人才"可言，反而是将公司不需要的人，换言之就是不服从公司管理的人和体力上无法适应公司残酷的劳动环境的人，无情淘汰。各位读者可能还记得在第1章中X公司的相关章节中，提到过一位擅长外语的毕业生的事例，她心怀去国外分公司工作的梦想应聘入职，却惨遭挫败。

X公司放弃因材施教培养人才仅图一己私利的培训方式，是社会价值观所不能容忍的。在因少子化、高龄化造成人才减少这一社会大背景下，这一压榨宝贵的年轻人才进行"筛选"的行为，堪称反社会。就更不用说，他们原本是毕业生中最拔尖的那一批人才了。这家公司不仅压榨他们，甚至还让他们患上抑郁症，浪费他们宝贵的年华，这完全是从社会上肆意掠夺宝贵的人才资源的恶劣行为。

这种现象和本书前几章所述的其他吸血企业的入职后"筛选"行为有诸多相似之处。比如，Y公司也将自己包装成一家正在扩张中的成长型企业，大量招聘找不到工作的年轻毕业生，并对他们进行"筛选"。很多学生都在公司的"筛选"中患上抑郁症。同时，公司为了规避法律风险，强迫员工"因个人原因离职"。单就从社会上肆意掠夺人才这一点而言，X公司和Y公司是完全一致的。

此外，在第2章中提到的和民和日本海庄屋，也是通过剥削压榨年轻劳动者，将他们用后即弃，以此获利，最终也会造成人才的折损，影响之恶劣和其他事例也是不相上下。我们从中很容易看出，吸血企业仅图一己之利，以涸泽而渔、焚林而猎的方式对待年轻人才这一无可争辩的事实。

缺失的"未来蓝图"

所有就职于吸血企业的年轻人还有一个共通之处，那就是他们无法规划自己的未来蓝图。比如在X公司的事例中，支撑他们熬过苛刻的培训、忍受残酷的劳动环境的是"将来当店长"的梦想。而认识到"可以不用当店长"的那一刻，他们心中的信念就土崩瓦解了。当他们看到自己的公司前辈和领导的工作与生活，意识到自己未来不想过上这样的生活的时候，就会彻底失去工作的动力。剩下等待他们的就只有抑郁症等心理疾病。让他们患上抑郁症的，正是永远看不到尽头的超时工作所带来的绝望感。

但是，在 X 公司里他们还是有希望晋升和涨薪的。只要当上店长并获得一定的晋升，是有可能拿到一份不错的年薪的。然而，绝大部分吸血企业都和 SHOP99、和民、日本海庄屋一样，低薪、超时劳动就像永远看不到出口的隧道，给劳动者带来永无尽头的绝望。

此外，在吸血企业中，员工哪怕入职之后也会持续面临"筛选"。入职仅仅是他们职业人生中永无止境的"筛选"的开端而已。就连"正式员工"这种本应是相对稳定的劳动者，也需要时刻面临被公司扫地出门的风险。持续不断的"筛选"让员工的精神一直处于极度紧张的状态，最后导致身心俱疲，无法继续工作。吸血企业就是这样逼迫以正式员工身份招聘来的年轻人走上"因个人原因离职"的绝路的。

吸血企业如此操作的结果，就是年轻人非自愿离职的比例逐年上升。据 2012 年日本内阁府发布的《雇佣战略对话》的资料显示，85 万大学毕业生中，有 7 万人选择读研，有 56.9 万人选择就业。但是，就业人员中有高达 19.9 万人出现短期离职（就业 3 年以内离职），无业、短期就业人数为 14 万人，此外还有 6.7 万人选择了中途退学。也就是说，合计有 40.6 万年轻人没有顺利完成从学校到就业的过渡。这一人数占了除升学以外的 77.6 万人中的 52%。他们之中很多人在离职之后，都成了失业人员或非正式工。

被迫"因个人原因离职"

我常被问到，在上文所述的"因个人原因离职"的人员中，究竟有多少是吸血企业造成的。在这里，我想介绍一下我们运营的 NPO "POSSE" 2010 年度的调研结果。"POSSE"曾在职业介绍所门口以年轻人为对象，就企业存在违法行为和离职理由之间的关系为主题，进行了随机调查，研究他们"因个人原因离职"的理由。调查结果见下表。

表 4　违法行为和离职理由的关系（首份工作）

违法行为	劳动合同名不符实	拖延工资	职场霸凌	超时工作
企业存在违法行为且和离职有关	37	24	22	49
企业存在违法行为但与离职理由无关	26	46	11	46
企业不存在违法行为	126	119	156	94

资料来源：NPO "POSSE" 2010 年度调查结果。样本数量 =189　单位：人

上表中，"劳动合同名不符实"指的是本书第 3 章所介绍的吸血企业常用的伎俩——"夸大薪资待遇"和"正式员工有名无实"这两种套路。"职场霸凌"顾名思义，是指"以权压人，战略性地进行职场霸凌"这一套路。而"超时工作"就更明显了，对应"扭曲的'36协定'和超时劳动"这一套路。同时，我们发现拖延工资这种彻头彻尾的违法行为竟然也是"因个人原因离职"的理由之一。我们不难想象，劳动者发现自己遭受违法行为（或入职了吸血企业）侵害而又处于孤立无援的状况，是加速员工离职的一大原因。年轻人在孤立无援又无力反抗的处境中，最后的结果只能是"因个人原因离职"。

年轻人在吸血企业中看不到未来的希望，同时又处于自己随时可能离职的不安之中。在这种环境下，他们根本无法规划自己的职业和人生，同时还会进一步加剧少子化问题，并动摇人们对于劳资关系的信任。这些问题，都将在下文中详述。

问题二：向社会转嫁成本

吸血企业引发的第二个社会问题，是通过对应届毕业生的"筛选"和"用后即弃"式压榨，将本应由企业负担的成本转嫁给整个社会。吸血企业的这些行径会剥夺应届毕业生的宝贵时间和未来，给他们带来疾病和痛苦，同时还制定出内部制度，有组织地将行为的成本转嫁给整个社会。

社会为吸血企业负担的成本涉及各个方面，有劳动者患上抑郁症后的治疗成本、年轻群体过劳死产生的成本、劳动者换工作的成本、劳资关系失信的成本、少子化加剧的成本、各方面服务质量下降的成本等。

吸血企业通过将这些成本转嫁给社会，实现了自身的快速扩张，其中一些甚至发展成了跨国企业。比如本书第 1 章中提到的 X 公司就是这样的例子。在 X 公司逐渐扩张成为跨国企业的过程中，有众多年轻人因"筛选"和"用后即弃"式压榨而患上抑郁症。他们治疗疾病的医疗费是由纳税人缴纳的税金和社会保险费负担的。

X 公司会安排在入职后的"筛选"中掉队的年轻人进入"冷静期"，也就是让他们停薪留职。这一人事安排是依照 X 公司的劳动制度规定执行的。这种做法在吸血企业中是非常普遍的，掉队的劳动者经过停薪留职这一"冷静期"之后，公司就会让他们"因个人原因离职"。

他们在"冷静期"中治疗心理疾病所产生的生活

费、医疗费，均由公营的企业医保[1]负担。企业医保的伤病补助能保证劳动者工资约 2/3 的收入。只要在职期间办理了保险支付手续，哪怕劳动者离职后也能继续享受一年半的保险。如果一年半之后伤病仍未治愈，劳动者就需要自行解决生活和看病问题。如果员工在离职后被诊断出患上抑郁症，则既无法享受工伤保险，也无法享受企业医保中的伤病补助。这种情况下治疗所需的费用，只能由国家医保[2]报销 70%，剩下 30% 需要劳动者自负。

因工作原因造成的心理疾病本应被归为工伤，原则上企业应该对员工的心理疾病负责。如果员工被认定为工伤，企业应保证其 6 个月（工伤医疗期）内 80% 的收入，并全额为其支付医疗费。然而实际上几乎所有因工作原因造成的心理疾病的治疗费用，都没有按照这一原则走工伤保险通道，而是由企业医保和国家医保负担。可见，原本由吸血企业造成的心理疾病最后却是由全体社会成员来负担治疗费用。企业本位的社会系统，为吸血企业提供了"白搭车""蹭保险"的漏洞。

为什么吸血企业能够"白搭车""蹭保险"呢？只

---

〔1〕受雇于企业的职工本人及其家属参加的行业医疗保险。

〔2〕小时工等非企业正式员工、无（失）业人员、退休人员等参加的由国家组织的保险。

要比较一下工伤保险和企业医保的伤病补助支付条件就不难发现，后者的赔付条件十分宽松。由于工伤保险带有惩罚造成工伤的企业的目的，因此其赔付通常伴随着严格的审查，需要证明劳动者所患疾病是其工作内容造成的。一旦劳动者被认定为工伤，就说明企业存在危害劳动者的行为，责任十分重大。因此，针对劳动者患病和其工作内容之间是否存在因果关系，判断基准通常十分保守。

比如，在2011年共有1074人申请认定因工作原因患上心理疾病，而最终仅有325人获得承认。考虑到吸血企业的现状，这一申请数量绝算不上多（甚至可以说偏少），但从最终获得承认的人数我们可以看出，其判断标准是十分严格的。实际上，确实有很多无论怎么看都是由于工作原因造成的心理疾病，甚至是过劳死、过劳自杀事件，最终都无法被认定为工伤。很多案例中，受害者或其家属甚至是在对劳动主管部门提起行政诉讼要求认定工伤，并且劳动主管部门败诉后，才被认定为工伤并推动有司修改认定标准。心理疾病的工伤认定及对企业的追责制度还处在逐步改革和完善的过程之中。

反观企业医保的伤病补助标准，完全没有如此繁琐、严格的手续和认定标准。原本在医生对劳动者进行诊断判断其为工伤时，就应该走工伤保险通道，而非企业医保通道。例如，劳动者在工作时手脚受伤这种十分显而易见的情况，通常不会走企业医保通道，而直接走工伤保险的赔付手续。然而，对于抑郁症这种很难说清致病原因的情况，谁也无法保证一定能被认定为工伤，因此这种案例很少会走工伤保险通道。近期我接到的咨询中，就有很多劳动者受困于企业医保和工伤保险之间的空白地带，不知道自己应该使用哪种保险。甚至有人遭遇踢皮球现象，在申请企业医保赔付时被告知需要申请工伤保险。这种现象说明我们的保险制度本身是存在缺陷的。

心理疾病逐渐增加的背景下，医疗费成为全体国民的负担

吸血企业利用保险制度漏洞，有意扭曲保险制度本身的目的，将公司内工伤成本向全社会转嫁。工伤保险的资金来自企业缴纳，工伤发生越多，企业需要缴纳的保险费用就越高。因此对于企业来说，想办法让员工走企业医保或国家医保通道，可以最大限度地降低自身负担，将成本转嫁到整个社会。

根据全国健康保险协会《现金理赔对象状况调查

报告（2011年）》，因心理疾病造成的伤病补助支出呈递增趋势。"按年份分析伤病补助支出明细，我们可以看出，在伤病补助的病因所占比例上，消化道疾病的比例从1995年的14.64%大幅下降到2011年的4.39%，而心理疾病和行为障碍却从1995年的4.45%快速增长到了2003年的10.14%，进而增长到了2011年的26.31%，占伤病补助赔付件数的1/4以上。"不仅如此，在年龄分布上，"心理疾病和行为障碍中50岁以下人群占比最高，20岁到39岁超过40%，年龄越高，占比越小"。当然，我们无法仅凭保险协会的数据去判断吸血企业在此中的影响趋势，心理疾病增加的原因多种多样，并不仅仅来自工作。但我们依旧能通过这组数据管中窥豹，做出一定程度的解读。

根据2012年7月17日的《日本经济新闻》报道，日本厚生劳动省也开始认识到吸血企业的行为和医疗费负担增加之间的关联性。根据上述报道，厚生劳动省通过分析2010年度的医疗机构诊疗报酬明细发现，"国家医保对主要劳动年龄人口支付的医疗费，较同年龄段的公司职员和公务员更多[3]。其中尤以'心理、行动障碍'

---

〔3〕此处"劳动年龄人口"是指处于可以劳动的年龄的人口，而非正在劳动的人口。加入国家医保的劳动年龄人口，主要是失业人员、个体经营人员及其家属。

及'心理疾病'所支付的医疗费为高。厚生劳动省保险局分析认为'劳动者患抑郁症辞去工作后，加入国家医保是唯一的选择，很容易造成医疗费上升'"。国家医保与企业医保不同，国家医保是不需要企业负担的，对于企业来说是完全"免费"的。厚生劳动省已经开始意识到吸血企业造成国家医保负担增加这一问题。

在我接到的很多咨询案例中，一些企业甚至会百般阻挠员工申请使用企业医保。它们阻止员工申请伤病补助，并要他们辞职，以此逼迫他们使用国家医保（没有伤病补助）。吸血企业所参加的企业医保也可以以此避免赔付率的过度增加。

诚然，厚生劳动省的报告指出的"企业逼迫劳动者申请国家医保"是一种十分恶劣的行径，但无论是走企业医保还是国家医保，吸血企业伤害年轻人的心理健康，并造成社会医疗费负担加重的本质并无区别。最关键的问题在于，这些吸血企业战略性地将"筛选"和"用后即弃"式压榨产生的成本转移至企业之外。它们逼迫劳动者"因个人原因离职"的动机也正在于这点。为了不正当地压低失业保险负担，它们通过这种方式将解雇伪装成员工"因个人原因离职"。这种行为同样会将成本转嫁到整个社会。

之前提到的 X 公司有一项福利，那就是对于工作一年以上的劳动者公司保证 4 个月的伤病补偿工资。显而易见，这项福利实质上是为了减轻熟知公司内情的员工辞职时对公司的不满而出台的制度。实际上，很少有心理疾病能够在 4 个月内就彻底治愈并让人完全恢复劳动能力的。吸血企业为了自身的经营效率可以不惜一切手段。我们完全无法对其具备社会责任感和人性抱有任何期待。

吸血企业催生出潜在低保人员

吸血企业"向社会转嫁成本"问题的最后一点，是会在医疗费之外增加居民最低生活保障支出。这是因为吸血企业正在将年轻员工拉进"潜在低保人员"的行列之中。

近期，找到我咨询的年轻人中，很多人都提到希望申请低保，其中很多甚至还是大学毕业生，并拥有企业正式员工的工作经验。如此优秀的人才，为何会沦落到需要申请低保的地步呢？这是因为他们在工作中因霸凌行为或超时工作患上了抑郁症，除了申请低保以外再没有其他活路。我们可以将大部分年轻人"沦落"到申请低保的过程归纳为"患抑郁症→丧失劳动能力→申请低保"这一路线。接下来让我们看几个咨询案例。

一名年轻女性的咨询案例：

　　她在上班前出现了恐慌症的症状，前往医院就诊后，被诊断为恐慌症和抑郁症并发的"社交恐惧症"，病因是职场的心理压力。在相当长的一段时间内，只要想起工作上的事，她就会全身颤抖、胸闷气短，只好办理了停薪留职。但是，一家四口的生计几乎全都压在她的肩上，无奈之下只好申请低保。

一名年轻男性的咨询案例：

　　他原本是一家公司的正式员工，但因为领导的职场霸凌患上抑郁症而辞职。后来一边打零工一边维持生计，但没多久抑郁症进一步恶化。医生建议他彻底休养，专心治病，无奈之下他辞去了打零工的工作。为了维持生计，他只好申请低保。

从上述案例中我们可以看出，"患抑郁症→丧失劳动能力→申请低保"这一路线对于应届毕业生来说也适用。哪怕是以正式员工身份入职的应届毕业生，如果沦为"筛选"和"用后即弃"式压榨的对象，用不了多久就会患上抑郁症并被迫"因个人原因离职"。很多人甚至入职不到半年就惨遭企业抛弃。像他们这种情况，是很难申请到失业保险的。

不仅如此，很多就职于吸血企业的大学毕业生都背负着数额不小的"奖学金（债务）"。以日本学生支援机构（原育英会）提供的"奖学金"为代表的日本奖学金体系，绝大多数本质上都是需要学生毕业后偿还的"助学贷款"，其中很多甚至还有利息。劳动者被解雇后，也会持续被催缴奖学金。一旦逾期不还，将会立即被列入金融机构的"失信人员名单"，终身无法办理贷款和信用卡。

也有这种境遇的年轻人来找我咨询，除非他们的父母有财力支持他们，否则他们除了申请低保之外几乎无路可走。这些应届毕业生几乎都会询问我同一个问题，那就是除了低保之外还有没有其他的办法。然而对于他们来说，想要活下去，低保是唯一的选择。如果不想申请低保，就只能沦为流浪人员或被迫寄宿网吧等场所，导致心理疾病愈发恶化，无法正常生活。他们原是正式员工，现在不仅是失去健康，甚至还要被打上"贫困人员"的烙印，要回归社会是难上加难。

可能各位读者会觉得，二十二三岁就沦为低保户太过残酷，但现实确实如此。哪怕他们失去健康、沦为低保户，吸血企业也完全是事不关己、高高挂起的态度。反正低保的费用是由全体纳税人负担，而且受到社会谴责的也并非吸血企业，而是申请低保的年轻人。

从"过山车社会"到"陷阱社会""俄罗斯轮盘赌社会"

曾将"贫困问题"摆到日本社会面前的社会活动家汤浅诚用过"滑滑梯社会"这个词来描述日本社会的贫困问题。用他的话来说，在日本社会中，贫困人群逐渐被排挤出主流社会，像坐上了没有刹车的过山车一样一路滑向贫困的谷底。然而，在接受吸血企业员工咨询的我看来，他们走向贫困的过程并非"过山车"，而更像是"掉落社会的陷阱"。一旦入职吸血企业，或被分配到职场霸凌型领导掌控的吸血部门，就像掉进社会的陷阱。公司里充斥着超时劳动和职场霸凌，劳动者孤立无援。一旦患上抑郁症，就会被逼主动辞职。辞职后也无法继续工作，直接沦落为低保户。在一个吸血企业横行霸道的社会里，每个人都随时有可能沦为贫困人口。在这层意义上，我将这样一个社会称为"陷阱社会"。

除此之外，如果我们再多强调一些"攻击性"和"偶然性"，以及"不可预见性"，不妨将"陷阱"一词换个叫法，改叫"俄罗斯轮盘赌社会[4]"。谁也不知道下一个受害者是谁，然而周围却接连不断地有一个又一个受害者掉落到精神崩溃和贫困的谷底。在 Y 公司和其他公司的员工入职后遭到"筛选"的事例中，受害者们就像玩"俄罗斯轮盘赌"一样，一个又一个地成为吸血企业"用后即弃"的对象。

如果我们想要维持正常的医疗费和低保支出，就应该更加严格地限制吸血企业。近年来，社会对于低保户的谴责和攻击愈发严重。许多人批评低保户"懒惰"，但这是完全搞错了批评对象。我在前文也提到过，这些人越是不申请低保，病情就会越发恶化，越发无法回归社会。与其无原则地欺负毫无还手之力的弱者，不如将矛头转向制造了低保户的吸血企业更为有益。

吸血企业榨干日本的资源

吸血企业向社会转嫁的成本，远远不止医疗费和低保支出这类看得见的费用。早年，日本劳动者的工作热

---

〔4〕俄罗斯轮盘赌是一种赌博游戏，参加者在左轮手枪中放入一颗或数颗子弹，随机旋转并关上转轮后，由参加者轮流把手枪对准自己头部扣动扳机。中枪或怯场均为出局，坚持到最后的人是胜者。

情之高是全世界人民有目共睹的。日本人工作时间常年保持世界第一的水平。那时，日本绝大多数公司的职员哪怕是面对超时工作、困难的轮岗和高涨的业绩指标，都毫无怨言，积极认真地加以对待。他们这种近似死脑筋的工作态度，以领先世界的速度创造出了"过劳死"这一概念，日语中该词的罗马拼音"karoushi"甚至成了世界通用的专有名词。

能够让日本人拿出如此之高的工作热情的因素很多。但我们至少可以看到，对于如此残酷的工作要求，日本企业或报以员工年功序列薪资、终身雇佣等待遇，或报以富于人情味的职场人际关系，而非一味压榨、索取。然而在吸血企业中，这些"回报"全部缺位，不仅没有未来，更欠缺人性的包容。那里非但没有终身雇佣制，反而充斥着每个人随时都可能成为霸凌和劝退对象的恐怖政治，这就是"俄罗斯轮盘赌社会"。在如此高压统治下，劳动者是不可能维持像从前一样高涨的劳动热情的。

一些正处于劳资纠纷中的年轻人找到我咨询，在沟通中我发现，他们对于在严峻的就业形势中给自己挑战机会的公司十分感激，也十分乐于为公司奉献自己。然而他们的热情却遭到了无情的背叛，以至于无论怎样努力工作，都不会得到回报。虽然他们仍会心怀憧憬和奉献精神，十分积极地寻找下一份工作。但是他们还是会继续遭遇无情的背叛。在不断重复如此遭遇的过程中，他们对企业的热情逐渐被消耗殆尽。因此，我在第5章中所提到的"战略性思维方式"，也就是冷静面对用人单位是十分必要的。通过冷静对待，劳动者可以免患抑郁症，社会整体也能减轻医保负担。然而，如果劳动者对企业疑神疑鬼而导致工作热情下降，不仅无助于形成正常的劳资关系，反而会导致社会成本增加。打破高成本劳资关系的关键之处在于，通过战略性思维逼迫企业放弃"用后即弃"式压榨性用工，让员工"安居乐业"地为企业服务（关于这点，我将在第8章详述）。

社会责任对于企业运营和追求利润的活动来说，原本至关重要。因为，如果宏观上社会整体都处于"高成本状态"，那么总有一天它会对身为社会一员的企业产生影响。正因如此，传统的日本企业中存在一条不成文的规矩，那就是以苛刻的劳动条件为代价，保证劳动者的"铁饭碗"（终身雇佣）。这样，年轻人出于对企业的信任，才能够专心投入工作中去。然而，吸血企业却反过来利用员工的信任，规避自身本应负担的成本，透支劳动者的信任。

"柔性逼迫离职"是最能说明这点的例子。"柔性逼迫离职"和正式的解雇、劝退不同，企业完全不会向劳动者展示任何解雇和劝退的意愿，而是不断让劳动者越来越难以继续工作下去，劳动者本人却根本搞不懂为什么只有自己工作不顺利。长此以往，企业会逐渐失去信用度。

对正常企业的"人才培养"也失去信任

从前，日本企业要求员工达成很高的指标、从事超时劳动，但员工们只要能够咬牙坚持下来，就能获得有保证的未来。然而面对吸血企业，他们越是服从公司的安排，就越有可能被公司战略性地逼迫辞职。因为缺乏经验的年轻人无力分辨来自领导的指示，是工作上真正有必要的指示，还是为了逼迫他们辞职的伎俩。

在这样一个充斥着"柔性逼迫离职"的社会中，没有人会全身心地投入到工作之中。因此当下哪怕是真正抱着培养人才的目的去严厉地指导、训斥员工的正常企业，也会被人投以怀疑的目光。最近各路调查都反映出一个趋势，那就是"现在哪怕稍微严厉一点，都会被年轻人当作职场霸凌"。然而，从我站在接受吸血企业问题咨询的立场上来看，这完全不是年轻人的过度反应，而是他们面对吸血企业这一风险时自然产生的警惕心理。

这样一来将导致正常企业的人才培养也会受到影响。可以说，吸血企业最大的罪行，就是在整个社会中破坏了年轻人对企业的信任。

更进一步来说，离职、换工作行为的增加必然带来社会成本的浪费。年轻人遭遇逼迫离职，必然内心受到创伤。一旦演变成劳动纠纷，还会产生时间损失和律师费等经济损失。哪怕最终胜诉并获得赔偿，因纠纷产生的时间浪费对整个社会来说也是一大损失。对于年轻人个人来说，频繁换工作本就是一件需要消耗大量精力的事情。工作热情的降低和换工作带来的疲劳，到头来也会影响到整个社会的生产能力。

有必要强调的是，跳槽、换工作本身并非坏事。劳动者随着能力提升跳槽，是一种完全正常的行为。真正有问题的是劳动者为了避开违法行为而进行毫无意义的跳槽。

少子化——年轻人恋爱、结婚、养育后代难上加难

吸血企业是少子化的原因之一。在被"筛选"的不安中，年轻人无法规划自己的人生，而企业对员工的摧

残则会彻底剥夺他们恋爱、生育后代的机会。一言以蔽之，吸血企业会彻底破坏年轻人的私生活。在 X 公司的事例中，年轻人看到自己的领导全无私生活，整个人彻底扑在工作上的状态，就陷入了绝望。

在资本主义社会中，由于企业必然倾向于追求自身利润最大化，所以各国都通过劳动法和对劳资关系的限制来约束企业。因为如果不对企业进行约束的话，必然会严重影响到人口的再生产。

比如，制定出世界首部劳动法[5]的英国，在19世纪曾出现儿童和妇女遭受超时劳动、不卫生的劳动环境危害的现象。劳动者的平均寿命低至 20 多岁，年轻人的身高和体力严重下降。因此，国家才决定通过劳动法限制企业活动。我们绝不能忘记这一教训。

吸血企业危害消费者安全

吸血企业给社会带来的危害还在另一个令人意外的侧面显现出来，那就是"危害消费者安全"，尤其是近年来被寄予厚望的社会福利领域成为了重灾区。在日本

---

[5] 英国国会于 1909 年制定了《劳工交换法》，该法被认为是世界上第一部劳动法，现在仍然实行。

高龄化和女性走向社会的大趋势下，护理、医疗、幼儿保育近年来需求旺盛。除了需求增加以外，政府还在政策上降低门槛的同时大规模推进民营化进程，将以前由政府主导的服务大规模转移给民营企业，创造"市场"。对于是否应该将这些服务民营化，本书不加讨论。然而，在乘着"民营化"的东风高调入场的企业中就不乏吸血企业的身影，它们会给未来带来危害。

这里，介绍一个我接到的、情况相当严重的真实案例。

> G女士在一家护理机构工作。据说她所在的护理机构是一家建设公司因为看中了护理市场发展前景而开设的。这家机构没有设置生活咨询员[6]岗位，这完全是不合规的。在G女士入职之后，正式员工只有她和另一名机构领导，剩下的就只有两名打零工的小时工。无论正式员工还是小时工，没有一个人在这家机构工作超过一年。甚至出现过仅安排一名小时工值夜班的现象。G女士向我透露："公司甚至曾让那些一看就是有发育性残疾或是非专业做护理的人单独值夜班。"

----

[6] 在护理机构中，为护理对象及其家庭成员提供护理和生活上的咨询、帮助、指导的专职人员。

这家机构的工作时间也很长，甚至出现过多次连续"日班—夜班—日班"这样的排班，连续工作时间超过 24 小时。这家机构还规定"每月工作超过 20 天后才会支付基本工资"。如果每个月只上 8 个日班的话，就会因没有上够 20 天被扣掉 12 天的工资。如此劳动条件之下，正常人根本不可能长期工作。

然而，就是在公司内部如此状况下，销售人员却还在不停拉客户。这家机构接收护理对象原本限员 10 人，但实际上来接受护理的人员却一度高达白天 15 人、夜间 13 人。据说销售人员拉客户的场所主要是医院，理由也令人瞠目结舌："站在医院的角度，自然是希望没必要继续治疗的人赶紧出院。然而有很多人出院之后根本无处可去。他们的家属也早就束手无策，除此之外还有很多孤寡老人。所以，哪怕像我们这种野鸡护理机构，他们也乐意进来。销售会去医院找到这样无处可去的人，问他们在找到正规的老人护理保健机构或特别护理老人院之前，愿不愿意先来这里住一段时间。"

销售把这些从医院出院后无处可去的人带来。在这家机构的客户中，很多人甚至还曾是低保户。公司的方针是要求满床率大于90%，所以销售人员更倾向于带长期入住的人进来。销售岗很受公司重视，给钱也很多。公司里最牛的不是真正进行照料、护理业务的护工，而是销售。

"无论我们怎么努力，怎么改进服务，都不和工资挂钩。公司高层觉得'反正公司的收入来自护理保险[7]，干得好了也不多挣钱，不可能做增加成本的事'。这种想法和真正想要全身心投入社会福利和护理行业的人的是完全不同的，反而和那些开快餐连锁店的人的没什么两样。他们的头脑里，就只有怎么压缩成本、扩大利润，纯粹是开公司赚钱而已，压根就没有考虑如何提升老人的福利水平。

"他们经营的方向是彻头彻尾的成果主义，也就是说要让机构的运转率无限接近 100%。满床率越高，就越能让高层满足我们的需要，就能争取到更多经费。公司给责任人下达的指标应该是满床率超过 90%。我们这种在一线工作的人没有指标。据说销售的工资比我们一线的护工多 5 万日元，还有社保。能挣来钱的销售最牛，我们什么都不算。有一次总经理还说'这个行业不需要专业技能'，听

---

[7] 护理保险是构成日本社会保险的制度之一。日本法律规定年龄在 40 岁以上的人有义务加入护理保险，成为受保人。受保人需要接受照料、护理时，由护理保险支付部分护理费用。

了之后我惊讶得都说不出话。"

从这个例子中我们可以看到，这家机构的方针和我们在第 1 章中看到的 IT 产业的 Y 公司十分相似。他们并不想培养年轻人，提高他们的专业水平，而是只想着通过压榨他们来将自身利益最大化。一家这样的护理机构所提供的服务，自然不可能好到哪去。

近期进军看护、护理行业的企业，以本书第 2 章介绍的和民之类的劳务派遣公司为多。它们大量招聘包含应届毕业生在内的年轻人，是人力市场的"兜底势力"。同时劳动环境之恶劣也十分有名——劳动时间长、工作辛苦、工资低且永无出头之日。特别是护理行业因为人力成本低，所以进入行业的门槛也很低。至于保育行业，甚至月薪 12 万日元就能雇到应届毕业生。低廉的薪资造成行业离职率居高不下，但只要年轻人在人力市场供过于求，企业就根本不愁雇不来人。

此外，在这些民营护理机构中，通常都将服务内容严格限制在护理保险的支付范围以内。如果员工想提供更加丰富的服务内容，公司就会将其看作"徒增成本"的行为。换言之，不仅员工的工作水平低，而且公司还人为限制他们的工作内容。社会福利机构变身吸血企业，直接降低了消费者得到的服务水平。

不仅如此，在护理机构中的虐待事件也呈逐渐增加的趋势。护理工作需要经常处理老人的污物，帮助患认知困难症的老人吃饭，是一种非常困难且需要高度耐心的工作，没有极高的专业素养和技术，是无法胜任的。然而，吸血企业肆意蔓延之下的护理行业却在朝着相反的方向行进。行业整体没有花时间和成本去培养持有"看护福利士资格证"的专业护理人员，而是将大量年轻人像随时可以更换的机械零件一样投入行业。作为消费者，我们根本无法指望能够得到高水平的服务，而在这一事例中我们也能看到，吸血企业自身也完全不重视服务。

诚然，福利服务和社会福利制度改革有着密不可分的关系。但是，国家主推的社会福利制度改革的根本在于民营化和市场化，因此实际承担社会服务的究竟是什么样的企业，本应和福利制度改革的内容同等重要。一味追求利润、缺乏培养人才的意识和社会责任感的企业越来越多，必然会损害消费者的利益。

日本成为跨国企业发射塔——吸血企业逃向海外

在本章中，我们一起分析了吸血企业给社会带来的种种危害。我认为，用"日本成为跨国企业发射塔"来形容当下的事态并不为过。吸血企业让原本前途无量的年轻人患上抑郁症、加剧少子化进程、降低他们的工作热情、增加医疗费、降低社会福利服务质量，而自身却实现了快速扩张。特别是抑郁症患者的增加和加剧少子化进程这两点可以看出，吸血企业正在榨干日本的各种有效资源，将其转换为自身的利润。

如果年轻人无法规划自己的未来，无法完成人口的再生产，我们将面临怎样的状况呢？现如今日本高龄化已经十分严重，如果年轻人越来越少，那么压在年轻人肩上的负担将越来越沉重。这样一来，年轻人将更加无力养育下一代。不仅如此，少子高龄化还会压迫国家财政，造成未来财政状况恶化。

然而对于吸血企业来说，这些都不算什么问题。就算日本年轻人得抑郁症，高龄化严重，国内市场萎缩，也不关它们的事。一旦情况对自身不利，它们完全可以拿着在国内积累的资产逃向国外市场。

培养战略性思维应对吸血企业，不仅仅是我们每个年轻人需要做的，也是整个日本社会的责任。如果我们不能有效应对吃垮日本的吸血企业，日本社会将会从此走向灭亡。

国破血企在

到目前为止的章节中，我一直没有提到微观层面上企业的成长和宏观层面上实际经济发展的区别，但在讨论吸血企业这一社会问题的时候，这是一个十分重要的角度。之所以这么说，是因为目前有很多论调都在强调"哪怕是吸血企业，只要企业发展，经济最终都会获得发展"。然而，通过上文的讨论和思考，我们可以很清晰地看出，无论吸血企业怎样扩张，终究都只是昙花一现。哪怕吸血企业的经营指标看上去十分好看，这数字背后却是一番年轻人惨遭压榨、尸横遍野的景象。可以这么说，吸血企业的所谓"发展"，是将成本转嫁到社会、掏空社会财产的结果，其中既有以医疗费等形式体现的直接成本，也有以破坏劳资信任等方式体现的间接成本。站在全社会的角度，吸血企业的这种扩张和发展，甚至连"昙花一现"都算不上。因此，本书所讨论的经济发展和未来的发展战略，是面向未来、实实在在的发展，绝非暂时的、数字指标上的发展。

当我们评价一个国家的经济状况时，要看其究竟是处于可持续的、具有实质性的增长状态，还是仅具有好看的数字指标、不可持续的增长状态，这点十分重要。

因为经济发展是需要讲究"质量"的。

从这个角度来看，如今的日本社会可以说随时会走向"国破血企在"的状况。更别说吸血企业可能会逃去国外，最后什么都不会留下。如此"发展"，是没有任何意义的。正因为如此，我们才需要社会层面的"战略性思维"〔关于这一视点的思考和讨论，推荐阅读佐佐木隆治《我们为什么工作》（旬报社）一书〕。

在本书的最后两章，我将围绕上述观点分析催生吸血企业的社会结构，以及我们应该如何对其加以应对。

第7章　日式雇佣如何催生吸血企业

吸血企业无定义

在本书中，我刻意避免对吸血企业作出明确定义，因为这太过困难。很多著作都将吸血企业定义为"违法企业"进行论述。然而如果企业违法就算是吸血企业的话，我们甚至可以说日本几十年前就已经存在"吸血企业"了。众所周知，日本企业中以"无偿加班"为代表的违法现象不仅早就存在，而且直到现在都没有根除。甚至有人讽刺说"日本最不被遵守的法律，除了《道路交通安全法》就是《劳动法》了"。如果仅凭存在违法行为这一点就认定企业是吸血企业的话，那就只能得出"自古以来日本企业都是吸血企业"这一结论了。

因此，绝大多数对于吸血企业的描述，实际上都没有看到吸血企业最为本质的一面。企业内部为何存在"用后即弃"的压榨现象，为何这一现象得不到有效控制，问题的本质就在于现在的社会结构。因此，如果我们的意识仅仅停留在揭发个别"违法乱纪的企业"的层面，将永远无法看透这一问题的本质。

在本章中，我将对放任吸血企业以"用后即弃"的方式压榨劳动者的社会结构及其造成的劳资关系的变化做一简析。

滥用"日式雇佣"——企业的人事管理权

在本书第3章中，我们细数了吸血企业的种种套路。为了进行"筛选"和"用后即弃"式压榨，企业会向劳动者发出异常的命令。企业为了让劳动者主动辞职，会毫不犹豫地对其进行种种职场霸凌，比如会定下损害劳动者身心健康的极高的指标、故意不付加班费等。但是，这类现象并非吸血企业所独创，而是它们继承传统日式雇佣制度，同时对其加以滥用的结果。

传统日本企业中存在的"人事管理权"的作用力度要远强于国外企业。究其原因，在于传统日本企业中的劳动者更加习惯于柔性地服从来自企业的命令，以此来换取终身雇佣和年功序列薪资制的待遇。

比如，在日本企业中"单身赴任"[1]是一种非常常见的人事安排。公司决定派员工去外地轮岗，很多情况下都是在人事调动前一个月甚至一周之前才下达安排。不用说，单独一人调到外地工作好几年，对于员工的身体和精神都是很大的负担。但是，在日本公司中，员工无权拒绝这种公司单方面的安排。不仅如此，在加班问题上也是一样。比起欧美企业，日本企业的工作时间原本就长很多。上文中也提到过，日语中的"过劳死"一词甚至已经渗透到其他国家的语言之中，由此可见员工想要拒绝公司的加班命令是何等困难。

但是，上文提到的这些工作安排，绝非公司单方面强加给员工。我们甚至可以说，这是劳动者以长期稳定的雇佣待遇作为交换条件，主动接受了公司的工作安排。长期雇佣是日式雇佣的一大特征。为了维持这一特征，员工必须机动灵活地响应公司的各种工作安排上的变化。假设公司的某个业务部门需要缩小规模，或者公司整体业务出现规模扩大、缩小的变动，这样的情况下却要求安排给员工的业务内容和业务时间始终保持不

---

[1] 指企业在轮岗时，劳动者独自调动去外地的分公司、工厂工作，而将妻子等其他家庭成员留在原住地。

变，就必然无法灵活地展开调整，只能按照公司业务的繁忙和空闲程度频繁解雇、招聘员工。但如果公司在员工安排上拥有很强的权限，则可以依业务内容或安排员工去别的部门，或延长劳动时间，从而避免解雇员工。

日式雇佣制度下的劳动合同的一大特征，就是公司以长期雇佣作为条件，换取对员工的工作内容和安排方式上近乎无限的掌控，几乎所有工作安排都被认为是在"人事管理权"的范畴之内。合同内容越是模糊，工作安排的内容就越灵活，长期雇佣就越为可靠。

因此，直到进入 21 世纪之前，日本的法律甚至没有针对企业在和劳动者签订劳动合同时必须提供成文的合同一事做出规定。在以长期雇佣为前提的劳动关系中，社会上普遍认为将劳动者当下的工作内容落实到书面上本身就是一件没有意义的事情。滨口桂一郎在著作《新劳动社会》（岩波新书）中将这种现象形容为"空白的石板"。提到日式雇佣制度的特征，很多读者首先会想到"终身雇佣"和"年功序列"这两点。然而事实上，与这两点互为表里的，是"企业手中极强的人事管理权"，而且这是远比前两点重要得多的日式雇佣的特征。

或许有很多人认为，企业的人事管理权不受约束，而劳动者以此为条件换来长期雇佣的保障，这样的劳资关系十分合理。然而放眼全球，像日本这样企业人事管理权不受劳动合同制约的状态是极特殊的，因为这种劳资关系会给劳动者带来极大的负担。反过来说，在工作内容界定极为清晰的欧美型劳资关系中，企业相对能更容易地解雇劳动者，而劳动者也可以利用跳槽来提高专业素养，这在求职时也被视为优势。比起长期工作在"不知会接到什么指示"状态下的日本劳动者，欧美劳动者的社会地位更加明确。

"成员"缺位，企业过度压榨员工

如前文所述，尽管日式雇佣关系中企业人事管理权极强，但企业的人事管理权和劳动者获得的终身雇佣、年功序列薪资等长期稳定生活的条件是表里一体的。也正因为如此，长期以来日式雇佣关系才能被劳资双方所接受。可以说，这是一种由劳资双方达成共识的关系。这种共识关系见图2。

如图2所示，传统企业的正式员工能够享受来自企业的终身雇佣、年功序列薪资等福利，但也因此需要服从来自公司的一切安排（如图2中右上角内容所示）。非正式员工虽然无法获得稳定的工作，待遇也比较低，

图 2　劳资双方达成的共识关系

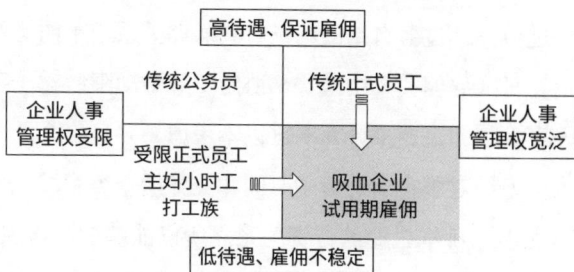

但企业对他们的人事管理权也是要受到一定制约的。主妇小时工[2]是最具代表性的例子。为了让主妇能够履行家庭责任这一"本职工作"，小时工的劳动时间较短，而用人单位对其下达的非常规工作安排也受到一定程度的制约。除此之外，外出打零工人员也是同样道理。在农闲时期外出打零工的人员，其本职工作为"农业劳动"，因此打零工时期也相对较短，用人单位对其业务要求和待遇也与其状态相符。

上文提到的滨口桂一郎认为，日本正式员工的特点是，以需要遵守企业的所有指示为代价，换来了成为企业"成员"的地位。获得"成员"地位的正式员工能够享受长期雇佣和年功序列薪资待遇的特权，也正因为如

---

〔2〕家庭主妇利用家务、育儿之外的空闲时间，在超市等用人单位从事非全职工作，按实际工作的小时数计薪。

此他们需要背负沉重的"空白的石板"。

过劳死、过劳自杀问题是日式雇佣关系带来的必然弊端。日式雇佣关系中，"36协定"等劳动限制对于手握人事大权的企业来说几乎可以不考虑。并且，企业内部工会组织对于企业的劳动时间和业务指令等领域几乎从不插手。日本企业的劳资关系之所以能够如此维系，是因为存在雇佣保障和企业福利这两个大前提。

相对于传统企业，吸血企业的特征在于，对于正式员工来说，企业手里的人事管理权保持不变，而雇佣保障和企业福利这两点被大幅削弱。吸血企业一方面对员工行使极强的权力，另一方面却绝不会将应届毕业生接纳为企业的"成员"。不仅如此，企业还会滥用手中的权力，对他们进行"筛选"和"用后即弃"式压榨。本书前文中提到的"入职后持续'筛选'"也从一个侧面展现出企业不会接纳员工为"成员"的态度，"战略性地进行职场霸凌""扭曲的'36协定'和超时劳动"以及"设障碍阻止员工离职"等套路，也正是借助日式雇佣背后的社会共识才得以实现的。

在员工的"成员"地位缺失的状态下，企业拥有过强的权力，这一趋势发展到顶点，就表现为本书第4章中所述的"逼迫离职的'技术'"。企业手中的人事管理权本应以保障雇佣为前提，然而吸血企业却滥用人事管理权，亲手破坏雇佣关系。这就是吸血企业从日式雇佣中继承并发扬光大的"技术"。

综上所述，传统日本企业手中的人事管理权极强，这对劳动者来说是极具负担的。但同时，绝大多数劳动者并不觉得企业"吸血"，反而愿意主动接受，这是因为他们能从企业那里得到相应的回报。

而如今，我们认定一个企业可以被称为"吸血企业"的原因，在于它在以少到让人无法规划未来的薪资和让私生活崩溃的超时劳动来彻底压榨年轻人，将他们"用后即弃"。

所有日本企业都有变身吸血企业的可能

吸血企业问题影响深远、对社会冲击极大的原因还不局限于此。就全球范围而言，日本"应届毕业生"这一身份对于劳动者的意义远大于其他国家。这不仅是因为在终身雇佣、年功序列制的雇佣关系中"第一份工作"的意义极其重要，还因为政府的社会政策极度依赖企业。其他发达国家都在积极推进的住宅政策和养老政策在日本却都还很不完善。因此，其他发达国家在政府层面实现的社会福利，到了日本却变成了以企业工龄薪资为前提的住宅贷款，同时依靠退休补贴[3]来维持退休生活稳定。正因为社会福利严重依赖日式雇佣，政府的社会政策十分不完善，在这一背景下，年轻一代雇佣方式的变化就会直接导致他们沦落为贫困群体。这一现状和企业手中的人事管理权一样，是日式雇佣体系延伸的结果。

此外，观察整个社会我们还可以发现，"应届毕业生"对于年轻人找工作来说具有极为特殊的意义。以前，哪怕父母一辈是个体经营者或在中小企业工作，只要下一代能够在学历竞争中脱颖而出，这样的年轻人就能在大企业找一份工作，有望摆脱贫困。在竞争激烈的日本社会中，日式雇佣本应是唯一的出路。然而现在日式雇佣不仅越来越少，而且其内容也越来越暧昧，这给社会带来的冲击不可估量。

如上文所述，吸血企业问题是由日式雇佣制度"变质"而来，这一"变质"对于整个社会来说影响重大。因为，吸血企业问题和其他法律层面的劳动问题有很大区别。让我们回顾一下近5年常见的企业违法行为，比如"伪装个人外包"[4]、"伪装店长"（有名无实的店

---

〔3〕劳动者退休时，企业依照员工对企业的贡献、工龄等因素向员工一次性支付的补贴，通常金额较大，含有犒劳老员工的含义。

〔4〕指企业以个人外包的形式雇用劳动者以逃避法律责任、降低人力成本。字面上，劳动者是作为个体户经营，企业将工作以"承包"方式委托给劳动者。而实质上劳动者和正式员工一样需要每天按时去公司上下班。

长）、"单方面取消录用通知"、"清退派遣工"等。这些问题在法律上界定清晰，问题出现后或是在诉讼中黑白分明，或是成为议会修订法律的契机。

然而相对于上述劳动问题，吸血企业问题在法律上的界定却并不那么明确，仿佛仅仅是年轻人心中的茫然与不安的情绪，而不是一个界定明晰且亟待解决的法律问题。从本质上来讲，这一问题的核心在于劳动者丧失对企业的信任，而其根源则在于劳资关系发生的变化。

追根溯源，传统的日式雇佣制度成型于20世纪50年代的大规模劳资斗争。那时，大企业中频繁发生罢工，有时甚至会发生双方寸步不让的暴力流血事件。在这一背景下，日本经济界逐渐意识到，与其因降低劳动条件、随意解雇员工而导致纠纷，不如维持稳定的劳资关系更有好处。稳定的劳资关系一方面需要劳资双方都能接受的条件，另一方面需要切合企业经营的实际。最终，这一"稳定的劳资关系"就成了日式雇佣制度的"游戏规则"。

我在上文中反复强调，日式雇佣是一种企业以长期雇佣、年功序列薪资制为交换条件，换取广泛而又强力的人事管理权的雇佣方式。通过长期雇佣，企业可以通过OJT（On the Job Training，在职培训）的方式提高劳动者的技能水平，而年功序列制可以提升年轻员工长期服务于企业的积极性和对企业的忠诚度。对于年轻人来说，有一份稳定的工作，也提升了他们的工作热情。

然而，现在日本的企业工会完全无力要求企业维持日式雇佣制度。随着工会组织覆盖率的降低，特别是在很多新兴企业里，传统日式雇佣中劳资之间达成的"一致"早已土崩瓦解。不仅如此，很多传统大企业中，为了维持正式员工的日式雇佣待遇，工会甚至放任企业在日式雇佣的"体制外"招聘大量非正式工。本应起到维护日式雇佣作用的企业工会，就这样一步一步地失去了自身的威信。

因此，日本的工会已经无力抑制吸血企业的产生。传统劳资关系逐渐瓦解，工会只能默许企业在"传统日式雇佣"中肆意挑选对自身有利的因素，这又导致了年轻群体在心理上对企业的不安和质疑。综上所述，我们可以说，劳资关系的变化是造成吸血企业产生的直接原因。因此，我们很难在法律层面上将吸血企业界定为一个独立的社会问题。

经常有人问我"日本究竟有多少吸血企业"，但我们很难将吸血企业数量统计为一个确切的数字。因为虽然并不是所有企业都是吸血企业，但我可以断言，所有日本企业都具备成为吸血企业的资质。

吸血企业问题的根源在于，没人能够阻止企业将年轻人"用后即弃"，这是由日本社会的结构造成的。我在本书第 6 章提到过，如今的劳动问题不仅限于个别企业和部门，而是像玩"俄罗斯轮盘赌"一样会突然向我们袭来。因此，吸血企业背后的问题不仅仅是企业正在进行的违法活动，更在于人们未来会失去对企业的信任。

话虽如此，我们仍然可以看到，支撑日式雇佣的法律并没有变，日本的工会自 20 世纪 70 年代之后，也几乎没有发动过罢工。尽管工会失去了对企业的制约功能，但社会构造本身依旧在存续。劳资关系为什么会发生如此变化呢？而滥用日式雇佣关系的吸血企业又为何在现在这个时间点大量出现呢？为了弄清这两个问题，我们有必要回顾一下日本社会就业状况的结构性变化。

"洗脑"式求职过程使年轻劳动者接受企业的违法行为

首先，日本的就业市场出现了巨大的变化。只有在劳动力供大于求、年轻劳动力要多少有多少的情况下，企业才有可能对员工进行"筛选"和"用后即弃"式压榨。在日本经济高速发展时期和泡沫经济时期，劳动市场上劳动者供不应求，企业无法如此行事。不仅如此，一旦企业摧残式用工所导致的"差评"传开，就再也不会有人前去求职，企业也无法持续扩张。正因为如此，以前的日企才争相导入日式雇佣制度。然而，现在形势已经完全不同。就业市场上充斥着求职无门的大学毕业生。

"劳动者要多少有多少"是吸血企业诞生的必要条件。同时，仅仅是年轻劳动力供大于求还远远不够。实际上，企业的招聘活动本身也在扮演着支撑其吸血战略的重要角色。

现在年轻人在求职过程中最可怕的遭遇就是受到企业彻底的"洗脑"。这会导致求职者认为"无论受到怎样的对待，都必须隐忍到底"的思维定势。我曾以"绝对不会考虑入职的企业"为主题，针对大三和大四学生进行了调查。调查结果见下表。

表5 "绝对不会考虑入职的企业"（仅男性）单位：%

提 问 项	大三学生占比	大四学生占比
无法平衡工作与生活	41.4	31.0
离职率高	55.5	46.6
没有定期涨薪	36.3	27.6
没有奖金	47.3	39.0
对环境不友好	29.3	17.2

注：本调查于 2011 年 1 月针对日本关东地区、关西地区近 10 所大学的大三、大四学生进行。截至我撰稿时，回收大三学生问卷 534 份，大四学生问卷 98 份，撰稿后预计大四学生问卷回收还会增加。表中所示百分比为去掉无效问卷后的统计数据。

无法平衡工作与生活、离职率高、没有定期涨薪、没有奖金、对环境不友好这五个选项中，大四学生占比均低于大三学生。这就意味着大四学生相较于大三学生更倾向于接受这些行为。

此外令人深思的是，就连"对环境不友好"这一本应在大学生活中反复学习的价值观都在求职中被逐渐抛弃。通过这项调查结果我们可以窥见，求职过程不仅竞争残酷，而且会逼迫学生们在求职过程中做出人格、价值观的重大转变。除上述问题之外，还有62.8%的大四学生认为"过劳死是与自己密切相关的问题"，83.7%的大四学生认为"职场中的抑郁症是与自己密切相关的问题"。

在我接到的劳动咨询中，很多当事人都提到过，曾在大学的就业服务中心被告知"不能问企业与劳动合同、劳动条件相关的问题"。可见在求职过程中，就连遵纪守法这一基本价值观都被消磨殆尽。

一位资深人事咨询师的话给我留下深刻印象。这名咨询师说，凡是在面试的提问环节中提出类似"公司如何看待环境问题"，或"公司如何维持员工的工作与生活的平衡"问题的学生无一例外都会被刷掉。他表示，"不能让学生产生错觉。你们学生无权选择企业。你们能给企业创造多少利益才是最重要的"。社会贡献、劳动条件，都是说不得、问不得的事。当学生每时每刻暴露在这种思想影响下时，大都会潜移默化地接受这种思想。

思想控制，美其名曰"自我分析"

我们可以说，这种求职活动是日本独创的。由于日本企业录用标准并不明确，吃了企业闭门羹后的学生需要进行彻底的自我否定。最能代表这一过程的词语，就是"自我分析"。分析自己从小到大的生活态度，分析自己是怎样一个人……学生们需要在如此抽象的层面上进行自我否定，分析自己为什么没有得到企业的垂青，在精神层面上反复"试错"、自我变革，以此达到满足企业要求的目的。

一般来说，在欧美企业中，企业是否聘用员工取决于其能力。具体来说，需要判断员工是否具备基本的职业能力，是否具备行业经验，并以此作为招聘时的判断标准。如果员工能力存在不足，可以通过进修、职业培训等方式进行改善，努力的方向十分明确。反观日本，企业招聘时的标准往往更加看重诸如"沟通能力"之类暧昧、抽象的标准，职业上的专业素养反而不受重视。由于求职成功与否和具体的专业素养并不挂钩，求职者才被迫进行上文所述的"自我分析"。

我们不妨回想一下本书第 1 章中介绍的 Y 公司的事例。公司之所以能够通过"辅导"轻松将劳动者逼上绝路，就是因为劳动者在求职过程中就已经被灌输了"自我否定"的精神。正因为如此，我们才有必要培养第 5 章中介绍的"战略性思维"来对付企业。

　　最近社会上流行的"职业规划咨询师"在某些层面上，也扮演了助长这一不正之风的角色。他们通过"辅导""咨询"给年轻人洗脑，给他们灌输"责任在自己"的思想，通过心理学的手段控制学生的思想，教导他们通过"重新审视自己"的方法来"矫正"价值观和人格。在 NHK 于 2011 年 2 月 7 日播放的纪录片《求职》中，咨询师以极其居高临下的姿态要求学生进行"自我分析"，而面对"你们脑子里就是一片空空"的斥责，学生们泪流满面地聆听的样子给人留下了极深刻的印象。他们虽然还是学生，但好歹也已经是二十二三岁的成年人了。对于已经成年的学生，咨询师却像对待孩子一样训斥他们，让他们哭着进行"自我改革"。学生们的价值观和过往的人生遭到全盘否定，却仍然咬着牙忍着痛试图接受企业的那套理论。可见，这里的咨询师完全成为了为虎作伥的角色。

　　当然也需要说明，这样的咨询师只是很小一部分。还有更多的咨询师不仅热心帮助学生求职，同时也在为企业开拓新的招聘窗口而东奔西走。然而遗憾的是，最受媒体追捧的那些所谓"咨询师"，绝大多数都是提倡精神至上主义、折磨年轻人的货色。

至此我们可以看到，年轻人是如何在求职和咨询过程中失去了冷静思考的能力，被洗脑、改造成盲目服从吸血企业的人，最终被逼上"因个人原因离职"、患上抑郁症的绝路。

求职中的"人岗不符"与洗脑改造

传统的日式求职，通常始于大学就业课和院系、班主任老师介绍，也有一些企业会直接将招聘资料邮寄到某些大学的学生家里。这种招聘方式，在早期阶段就能完成一定程度的筛选。通过这种方式进行的筛选有其高效的一面，几乎所有学生都能相对轻松而踏实地找到比较适合自己的企业和岗位。

然而，近年来学生可以通过互联网自由地投简历、报名应聘。到了这个阶段，企业就不太会主动上门找大学了。因此我们可以看到，学生们找工作的时候会一窝蜂地涌向最受欢迎的企业（通常是大企业），而被大企业拒之门外之后，才会逐渐降低标准，去中小企业、吸血企业报名。

让我们看一下不同企业招聘时期的差异，情况就更清楚了。大型商贸公司、传媒企业开始接受报名的时期通常较早（5~6 月），中小企业开始得比较晚。而吸血企业相对较多的 IT 行业和餐饮行业，企业通常整年都在招人，而且条件通常极其宽松，因此招入了大量毕业生（然后进行"筛选"、压榨，企业觉得"不好用"的人才会直接被逼迫辞职）。

对于许多学生来说，写简历是一件让人十分头疼的事情。他们不仅要从头到脚审视自己，有时还需要写自荐信。相信很多学生都有过制作上百份简历、削尖脑袋向企业推销自己，最后却惨遭否定的经历。由于企业招人的标准非常模糊，他们连被拒之门外的理由都不得而知，所以只好一次又一次地重复自我推荐和自我分析的过程。有时他们还需要寻求咨询师在心理上给自己帮助。很多学生在这个过程中甚至失去了就业的动力。在上文提到的调查中我发现，很多学生在求职过程中出现了一些抑郁症的症状。我针对调查结果[5]中反映出来

---

[5] 我基于世界卫生组织（WTO）ICD-10 为基准的《疾病、伤害及死亡原因统计分类》，在不影响原意的前提下，适度调整了措辞，制作了调查问卷。问卷所设项目中，符合 2 大项和 2 小项的归为轻症，符合 2 大项和 4 小项的归为中症，符合全部大项和 4 小项以上的归为重症。——原注

的自觉症状进行统计发现，调查对象中有 6.2% 出现轻度抑郁症症状，7.2% 出现中度抑郁症症状，1.0% 出现重度抑郁症症状。

学生们就是这样在求职过程中被洗脑改造，调整到能够主动接受吸血企业和违法行为等"现实中的劳动条件"的状态。近期社会上有一种论调甚嚣尘上，说是由于很多学生眼高手低，中小企业和吸血企业才无法招到合适的人才。凡是持这种论调的人，通常都觉得学生一上来就选择中小企业就好了。然而实际上我们刚刚分析过，学生们只有经过求职过程的洗脑改造，才能做好心理建设，选择待遇较差的中小企业和吸血企业。甚至可以说，现在学生求职就业的社会结构本身，就使得吸血企业有机可乘。

"为成为正式员工而挑战？"
——非正式用工的变化和永远的竞争

除了劳动市场供过于求、劳动者要多少有多少的状况以外，让吸血企业变得有恃无恐的另一个因素就是非正式用工的增加和变化。日本总务省进行的"劳动力调查"显示，2000 年至 2011 年，15 岁至 24 岁的劳动者中非正式用工的比例，男性从 19.8% 上升至 29.4%，女性从 27.0% 上升至 37.7%。非正式用工的比例不仅在除学生以外的年轻劳动者群体中迅速扩大，其内涵也悄然发生变化。

传统非正式用工通常表现为非全职工、小时工等雇佣方式，其受雇用的人员主要为主妇、学生及退休后的老年人。因此，这种非全职工作通常被称为"补贴家计型劳动"，也就是说劳动者并非完全依靠打零工的收入维持生计。打零工的收入通常仅能当作"零花钱"，远不够赖以为生。在政策上能够允许这种非正式用工的前提，是劳动者的主要生活来源来自丈夫和双亲的经济援助、退休金收入等打零工以外的收入。

可以说，传统非正式用工和传统（针对男性的）日式雇佣构成了表里一体的关系，它例外地允许企业以原本完全不可以接受的工资水平雇用一部分劳动者（主妇、学生、老人）。非正式员工不具备企业的"成员"身份，换来的确实是相对宽松的劳动条件。在大多数情况下，他们的工作内容也和正式员工有所区别。因此就算企业增加非正式员工的人数，也不会影响正式员工的工作待遇。

然而，近年来上述非正式用工的结构却开始土崩瓦解。在最近迅速增加的非正式用工中，占多数的并非

"补贴家计型"人员，而是"自立生计型"人员。1997年日本约有 208 万"自立生计型"非正式员工，而这一数字到了 2007 年已经增长到 434 万。"自立生计型"非正式员工的特征是时薪略高于一般打零工的人员，约为每小时 1000 日元，月收入约为 20 万日元，属于勉强能够维持生计的收入水平。这种雇佣方式在名称上和小时工有所区别，被称为"合同工"或"派遣工"。

目前，这种新型非正式用工方式在年轻人中迅速增加，大学毕业后直接成为"合同工"或"派遣工"的例子也并不罕见。

相比传统的非正式员工，"自立生计型"非正式用工条件下的年轻人最大的特征就是需要独立支撑自己的生活。因此在很多情况下，他们甚至能够接受加班和轮岗等人事安排。"自立生计型"非正式用工的增加最直接的影响，就是更大程度上挤压了正式员工的生存空间。非正式员工不仅成本低廉、方便解雇，并且为生计所迫不得不接受企业更加广泛的安排和指挥。因此他们的存在足以威胁到正式员工。

最能体现这一趋势的，莫过于非正式用工伪装为试用期的现象。与传统非正式用工不同的是，现在年轻人在成为正式员工之前，通常会以试用期的形式成为合同工。他们之中有些人的合同中明确约定非正式用工就是

"试用期"，而在另一些情况下公司则只告诉他们"只要努力工作就有机会成为正式员工"，让他们心中有一个渺茫的盼头。

无论哪种情况，只要非正式用工被赋予"试用期"的含义，对于劳动者来说都意味着不能安心维持现状。非正式员工时刻都需要努力，争取晋升为正式员工。非正式用工成为试用期的趋势，在日本《人力派遣法》中也有体现。近些年来，有一种被称为"预定介绍派遣"的新兴人力派遣方式广受诟病。这种派遣方式是以晋升正式员工为前提，甚至很多应届毕业生也被迫以这种方式就业。

很多情况下，合同工和派遣工在为晋升为正式员工而努力的过程中，需要和正式员工一样完全、彻底地服从公司指示。我接到的咨询中，就有很多"预定介绍派遣"劳动者被用人单位强迫免费加班的事例。正处于"试用"阶段的非正式员工享受的待遇自然是非正式待遇，就连是否能转正都全无着落。以"预定介绍派遣"方式就业的应届毕业生中，只有一部分人能获得转正的机会。然而，在转正名额"僧多粥少"的状态下，仍旧有大量应届毕业生以"派遣工"的身份被输送到企业之中。

如上文所述，年轻一代非正式员工不仅需要"自立生计"，同时还被要求成为正式员工，很多人被迫无止境地接受来自公司的指示和命令。年轻人甚至没有选择"安于非正式用工"的权利。对于企业来说，可以放心大胆地"试用"非正式员工，如果觉得不好用则可以随时随地将他们扫地出门，反正用来补充的应届毕业生要多少有多少。而通过"试用"而"筛选"出来的非正式员工则可以用来替代现有的正式员工，逼迫现有的正式员工离职。沦为试用制度的派遣工制度，就是这样不断向吸血企业输送廉价、好用的劳动力。

无论正式员工还是非正式员工，都需要"同台竞技"，接受"筛选"，遭到"用后即弃"的压榨。"入职后的筛选"的对象甚至扩大到了非正式员工，无论正式员工还是非正式员工都需要进行你死我活的竞争。人力市场供大于求造成的竞争压力，就是吸血企业赖以生存的"养料"。

我们站在劳资关系变化的角度看，传统的非正式用工可以对日式雇佣起到一定的保护和补充作用。正因为非正式用工存在很大的灵活性，传统日式雇佣才能更好地保护正式员工的工作机会。然而，当非正式用工的对象扩大到应届毕业生之后，他们就需要和正式员工进行竞争，这就使非正式用工逐渐侵蚀了传统日式雇佣制度。

政府的劳动政策对吸血企业有利

政府的劳动政策也对吸血企业起到了一定的支撑作用。上文介绍的求职制度和"预定介绍派遣"制度是两个十分典型的例子。除此之外，劳动者失业时，能够领取失业保险的时间较短，失业保险仅覆盖到两成失业者，并且领取失业保险保障的条件也十分苛刻。这种状况在发达国家中是十分少见的。那些"因个人原因离职"的年轻人被排除在失业保险的范围之外，也是该问题的一部分。

同时，那些失业保险覆盖不到的劳动者很难申请到低保这一现实原因，也间接加剧了就业市场的竞争。本书第 6 章中也介绍过，劳动者一旦在吸血企业中患上抑郁症，就会沦落到不得不依靠低保生活的境地。反过来说，如果申请低保的门槛再低一些，劳动者就能在患抑郁症前从没有尽头的竞争中全身而退，这样就可以避免抑郁症在社会上蔓延。一旦年轻人从恶劣的劳动环境中抽身对企业形成压力，就能倒逼企业创造更加健全的劳动环境，从而促进整个社会的工商业环境更加民主。但遗憾的是，日本并没有采取促进这一趋势的政策。

新兴产业只求回报不愿付出

我们经常能在新兴产业中见到吸血企业的"套路"。传统的日式雇佣制度是在日本的制造业中扎根并获得发展的，而近年来新兴的便利店及连锁餐饮业则完全不具备日式雇佣制度的规范意识。

在日本经济高速增长时期，在采用日式雇佣制度这点上，员工和公司之间是明确达成一致的。如果企业失信，就一定会为此付出代价。而在如今的日本新兴产业中，这种文化却已荡然无存。因此才会有企业仅执行日式雇佣中对自己有利的部分，欺骗应届毕业生，要求他们听公司的话，却完全不想保证他们的待遇。

在同样属于新兴产业的 IT 企业中，这一倾向更加明显。尽管在传统意识中，IT 劳动者属于强技能的"优势劳动者"，然而在实际的劳务管理中，企业却常常要求他们具备"企业家精神"。而劳动者也普遍地接受这种思维，因此劳资双方都缺乏要求企业保障员工生活的文化氛围。如今 IT 行业之所以成为吸血企业问题的重灾区，原因就在于此。

在这样的业界生态下的就业环境中，除了像 X 公司那样的超人气企业之外，大多数企业招人都会一直持续到招聘季的尾声。在这一过程中大量招聘那些被洗脑的学生，对他们进行"筛选"和"用后即弃"式压榨。

我在上文中提到，在历史悠久的制造业企业中，"用后即弃"式用工主要出现在非正式用工名额扩充的过程之中。它们通过大量雇用小时工、季节工，将这些员工从事的工种和正式员工区分开来，从而降低人力成本，同时维持正式员工的待遇。然而在新兴产业中，企业根本不存在传统意义上的正式员工一说，无论正式还是非正式员工，都会加以"用后即弃"式压榨。非正式用工的主要影响，就体现在让他们与正式员工进行竞争的"试用期"。

单一化（流程化）、零件化的劳动

我们还可以指出，以新兴产业为中心的吸血企业还有一个十分重要的特点，那就是"单一化（流程化）"和"零件化"。便利店、零售店、餐饮等行业的业务和传统的店铺经营不同，不需要劳动者具备高度的独立判断力和思考能力，只需要他们能遵守业务规程和领导的指示即可。在这一点上，X公司就是最具代表性的例子。

正因为这种流程化的劳动高度发达，年轻人哪怕工作年头再长，也不会成为吸血企业"不可或缺的人才"。IT 行业也具有同样的特征，大多数业务内容都已在跨企业的技能资格制度中被标准化。

不仅 IT 行业，本书第 6 章中介绍的护理行业也是属于高度流程化的行业之一。上文也提到过，这种带社会福利性质的劳动，本应具备高度专业性的。然而吸血企业却反其道而行之，将其单一化，将业务限制在流程范围之内。在如此操作之下，整体的护理业务被拆得支离破碎，护理服务的质量直线下降，而企业的收益性却得到了保证。同时，由于劳动者在企业中变成了随时可以更换的零件，工资也始终被压制在一个极低的水平。本应具备高度专业素养的护理行业的工作，却沦为了单一、高强度的体力劳动。还有很多人在高强度的劳动中健康受损，不得不黯然离开。

企业通过业务的单一化，让劳动者变为随时可以替换的零件。这样，才能给他们施加高强度的考核指标，完不成指标就换人。在 IT 产业中有一个说法，"有体力就干，35 岁就退休"。这个说法一点没错，我们可以看到，无论是 X 公司还是餐饮连锁店，吸血企业的共同之处就是在那里工作的全都是年轻人。即使在正式员工中也有很多人因体力不支无法继续工作，不得不辞职。

然而，企业还会继续从应届毕业生中招聘年轻、健康的劳动者，让他们成为企业的零件。

相比这种用人方式，在传统的日式雇佣制度中，企业通常通过在职培训和常年的培养，将员工塑造成企业不可或缺的人才。正因为劳动市场中人才紧俏，企业才不得不高效利用宝贵的人才，同时想尽办法提高他们的产出。反观现在，人才供大于求的状态下的流程化劳动拉低了社会平均的技能水平，导致业务产出的成果变得千篇一律、平淡无奇。第6章我们已经分析过，吸血企业就是如此损害消费者利益的。

正常劳资关系的缺失和"坊间停薪留职小组"

在上文中我已经论述过，吸血企业诞生于对传统日式雇佣制度的背离过程。所谓日式雇佣制度，归根结底是一种劳资双方达成一致的工作模式。在这层意义上，我们或许可以说吸血企业是一种劳资关系崩溃或变质过程中所产生的雇佣方式。吸血企业和日式雇佣，就像日式雇佣中正式与非正式用工一样，是互为表里的关系。

在日式雇佣制度中，对其提供支撑的是企业工会。

然而在吸血企业这种新型雇佣关系中，传统企业工会起不到任何作用。例如，在 X 公司中员工因超时劳动损害健康而被迫离职，企业工会非但没有起到组织员工互相交流、互相帮助的作用，反而成了将员工看病和停薪留职的信息给企业方通气的"情报贩子"。

在吸血企业中，本应该通过工会形成的、真正意义上的劳资关系长期缺失，而只有非正式的、纷繁复杂的劳资关系。这些非正式的劳资关系非但无法建立起传统日式雇佣制度下的健全的劳资关系，反而被企业恶意利用，践踏劳资双方原本达成的默契。

在 X 公司工作的员工之间，流传着类似"医生给开诊断证明就能休息"这类信息。正是这种"坊间停薪留职小组"给了 X 公司逃避工伤责任、将自身成本转嫁到失业保险和企业医保的空子。

"吸血专家"登场

除了正常的劳资关系的缺失之外，让问题变得更为严重的是很多黑心社会保险劳务士、律师介入了吸血企业和劳动者之间。他们将各种吸血企业常用的"套路"介绍给企业，同时将劳动纠纷视为自己的"商机"，怂愿企业扭曲日式雇佣。

我接到的咨询中，很多劳动者都提到自己向企业提出辞职之后，收到了企业法务寄来的索赔信，有的则是在劳动者要求企业支付加班费后反而受到法务的威胁。

这种问题出现在日本的司法制度改革之后，全国律师人数激增这一大背景下。日本的注册律师人数，2000年约为 17216 人，2011 年增至 30485 人。随着法律学校制度的推出，大量注册律师涌向社会。然而在律师人数激增的状况下，律师的业务市场却并没有扩大。国家进行司法制度改革的原因之一，是二三线地区的律师长期匮缺。但司法改革后新增的律师却主要集中在东京等大城市。很多人虽然考下了律师证，却苦于找不到律师事务所。同时在这一过程中，很多律所本身也成了"吸血企业"。我从一位今年注册的律师那里了解到，他周围有很多同时注册的同行已经从律所"因个人原因离职"了。他们离职的过程和"吸血企业"中的情况如出一辙。据他说，当他为了保护当事人的隐私关上了会客室的门时，却被领导训斥说"你关上门，从外面根本看不到里面的状态，都不知道你们说了什么。这点常识都没有"（但就算不关门，也会被找茬训斥）。不仅如此，领导还会忽然让他拟定超出他能力范围的高难度的诉状，或故意在午休的时间找他抽查高难度的法律问题。

他曾看到一名女律师入职后迅速消瘦、脸色憔悴，性格也像换了一个人，常说自己是个没本事的人。入职后没过多久，他就目睹有很多同行在职场霸凌下黯然离去，其中还有很多人放弃了律师工作。

以上所说的律所和其他吸血企业一样，为了追求利益，让新来的律师处理大量文书工作，一旦认为这个人"不行"，就立即逼迫其离职。大量律师处于"僧多粥少"的市场状况下，我们不难想象很多人迫于生计抛弃了正义和道德，干起了帮助吸血企业进行劳务管理的勾当。

从前律师圈子很窄，在抬头不见低头见的业内，谁在哪开了律所、接了什么案子，同行之间基本心里有数。正所谓好事不出门，恶事传千里，一旦进行霸凌，就很容易失去口碑。然而现在，哪怕同为律师协会的会员，也有很多人从未谋面，就更别提口碑了。

据我所了解，年轻律师为虎作伥、助长违法行为的案例屡见不鲜，甚至经常有律师和企业联名向离职人员发送毫无根据的索赔文件，以此威胁离职员工的情况出现。

和律师一样，社会保险劳务士的水平下降也十分明显。社会保险劳务士资格的合格人数，1998 年为 2327 人，到了顶峰的 2004 年激增至 4850 人。增速虽然不如律师明显，但也十分惊人。报名人数增加，是合格人数增加的主要原因。考取职业资格证成为日本社会的热门现象，门槛相对较低的社会保险劳务士是最受欢迎的资格证之一。很多经历过跳槽的人为了包装简历，往往会将社会保险劳务士资格证作为首选。

然而，并非所有人拿到资格后都能马上开张接单、赚钱养家。很多刚开始以社会保险劳务士工作为生的人都在"生死线"上挣扎。因此，他们之中很多人都瞄准了劳动纠纷这个"商机"。劳动纠纷原本是工会和律师的天下，但随着社会保险劳务士的增加，不少人从中看到了商机。全国社会保险劳务士联合会也借机制定出了"特定社会保险劳务士"制度，允许他们在部分案件中充当代理人角色。

然而，社会保险劳务士不像律师一样对劳动法烂熟于心。虽说他们是劳务管理的专家，但没有学习、研究过复杂的合同和法律理论，其擅长的专业领域仅限于保险相关业务。

在这一背景下，很多社会保险劳务士不惜主动投靠吸血企业，干起了助纣为虐的生意。在一位社会保险劳务士的个人网站上，我看到了如下言论：

"企业没有必要保证遵守所有法律！"

"维持健康是劳动者自己的责任！"

我们不得不说，满口胡言也要有个限度。企业当然有义务遵守法律，在和业务相关的方面保护劳动者的健康也是企业义不容辞的责任。

那么，这些黑心专家介入劳动纠纷之后会产生什么后果呢？上文中我介绍了律师以索赔威胁劳动者的例子，但事实上黑心专家的危害远不止这一种。首先，他们会建议企业一方，无论劳动者提出任何要求，都一律予以拒绝。其次，哪怕企业一方存在违法行为，也要极力掩盖。最后，对劳动者一方不予理会，静待年轻人自认倒霉。

同时，他们还会恶人先告状，装作自己一方蒙受损失、有权索赔，去恐吓劳动者。在这个过程中，绝大多数劳动者都会知难而退。而万一真的遇到要抗争到底的人，他们就会使出拖延大法，想方设法阻挠对方走法律程序。

通过拖延纠纷，他们能从吸血企业那里得到高额回报。也就是说，他们的工作并非指导企业知法、守法，而是激化纠纷，从中渔利。这也是他们被称为"劳务商人"的理由。这里我需要说明的是，大多数律师和社会保险劳务士都是在法律框架下工作，指导企业经营者进行正当的经营活动。行业中出现黑心专家，真正头疼的其实是那些守法经营的律所和咨询公司。此外，还有一些为劳动者提供帮助的社会保险劳务士。我们也期待他们为社会带来更多的贡献。

正如上文所述，健全的劳资关系的缺失是一种不健康的现状。这点对于企业一方也是一样。它们缺乏解决纠纷的手段，还在不知不觉之间助长了违法行为。因劳动纠纷造成的成本越来越高，日本社会整体的生产效率也愈发降低。

对于年轻人来说，不健全的劳资关系大行其道，导致其不但无法规划自己的未来，劳动积极性也会越来越低。即使在正常企业工作，也保不准自己工作的企业哪一天也会像玩"俄罗斯轮盘赌"一样，被黑心专家改造成吸血企业。

本应支撑传统日式雇佣的劳资关系土崩瓦解，逐渐变质为非正常的劳资关系。无论是"坊间停薪留职小组"还是黑心专家，都属于这一变化带来的现象。这种非正常的劳资关系也进一步助长了吸血企业的气焰。

中小企业"吸血化"的现状

近来，中小企业的劳资关系也产生了同样的变化。

劳动条件较差的中小企业常常被与"吸血企业"混为一谈。很多人都认为"中小企业的劳动条件其实不就是这么回事嘛"。但事实并非如此。

在劳资关系强制规定下享受传统日式雇佣制度的劳动者，占日本总劳动人口的比例其实不到6%。绝大多数人就职于中小企业，而中小企业中基本是不存在像样的工会组织的。因此在中小企业中，我们经常能够见到企业滥用日式雇佣中的人事管理权的现象。滨口桂一郎在其著作《日式雇佣的终结》中写到，工会缺位的中小企业很少有能做到遵守法律的，国家关于解雇的相关法律法规也难以得到彻底执行。

的确，中小企业的劳动条件原本就存在先天不足，就更不用提执行日式雇佣制度了。但是，如果放眼社会整体，就会发现一个趋势，那就是由于优秀的人才普遍被大企业招去，中小企业通常只能接纳从大企业跳槽来的人员以及在求职中被大企业淘汰的毕业生，很多中小企业因此也都努力执行"类似"大企业的人事和待遇制度，从而尽量招聘并留住优秀的人才。也就是说，中小企业站在和大企业争夺人才的立场上，是有必要努力建立近似于传统日式雇佣的人事制度的。我们可以说，大企业中支撑日式雇佣的劳资关系，是足以间接影响到中小企业的。

然而，如今的大型新兴企业已然放弃日式雇佣制度。我们可以认为，在这种状态下，中小企业也同样失去了像从前一样维持日式雇佣的动力。也就是说，大企业中日式雇佣的崩溃，同样波及了中小企业中的劳资关系，对中小企业转变为吸血企业起到了推波助澜的作用。也就是因为这一点，本章才将吸血企业和中小企业相提并论。当然并不是说所有中小企业都是吸血企业，但我们不能否认，社会上存在着一股中小企业转变为吸血企业的趋势。

传统大型企业一样受到影响

受到吸血企业影响的不只是中小企业。我在分析咨询案例时发现，一些坚持传统日式雇佣制度的大型制造业企业中也出现了类似吸血企业的"套路"。特别是金融风暴之后，这些企业也纷纷开始引进"吸血企业的技术"，大量解雇年轻劳动者。

我曾在 2010 年接到一个令人心酸的咨询。当事人来自有名的老牌大型制造业企业 Z 公司。这家公司本是采用日式雇佣制度的公司之一。他以应届毕业生的身份被招进总公司，负责公司的综合业务[6]。然而2009年入职还没多久，他忽然被外派到子公司上班。公司没有安排像样的培训，每天只交给他一些杂活。在这样遭受公司冷落的状态下，他被迫"因个人原因离职"。当时和他一起入职的同事，很多都有类似的遭遇。

为什么会出现这种现象呢？尤其像Z公司这种规模的企业霸凌员工，本应有很大可能被媒体关注的。这里我们需要注意到，这名当事人入职于2009年。当时金融风暴刚刚过去不久，经济前景很不明朗。很多企业甚至取消了毕业生的录用通知，这一事态受到媒体关注，成为社会焦点。这家大企业大概是想要规避被新闻报道的风险，没有直接取消毕业生的录用，而是先让他们入职成为公司员工，然后慢慢通过温水煮青蛙的方式，用"人事管理权"逼迫他们离职。

Z公司的"妙招"十分管用。如果Z公司公然大批解雇新入职的员工，一方面会受到舆论压力，另一方面也会极大地损害自身的企业形象，甚至导致今后招聘时被优秀人才冷落。因此，它才通过引进吸血企业的

---

[6] 日本企业中通常将业务分成一般业务和综合业务两种类型。一般业务指按照公司规章、流程办理，不需要员工进行判断、负责的业务。而综合业务是指需要员工对各种状况进行判断、协调的业务。负责综合业务的员工通常会获得较多的晋升，得到更多成为储备干部的机会。

"技术"，掩盖解雇新员工的事实，从而成功地规避了风险。

从这个事例我们可以看出，无论哪家企业都随时有可能成为"吸血企业"，而在现行制度下，我们显然无力阻止这一现象的发生。

当然，并非所有企业都在全面变质为吸血企业，但这正像玩"俄罗斯轮盘赌"一样，厄运不知道会在何时、降临在谁的身上。此类现象十分隐蔽，很难被社会大众关注到。但我们依旧可以看出，哪怕是传统大企业，劳资双方的信任关系也出现了裂痕。

第8章 社会如何应对吸血企业

错误百出的年轻人就业政策

通过本书第2部的以上论述，相信读者已经能够理解吸血企业是日本社会的一大危害这一事实。那么针对吸血企业压榨年轻劳动者的问题，我们的政府和社会究竟有没有制定出有效的应对策略呢？答案是令人遗憾的。我不得不指出，在这点上，日本社会的表现极其落后。

政府和社会在应对吸血企业问题上的滞后，最根本的原因在于人们对吸血企业的错误认识。就像本书开篇所述，政府和学者始终以"年轻人劳动意识的变化"为出发点来看待雇佣问题，从他们将年轻群体的非正式用工和失业问题贬低为"零工族""啃老族"的态度就可见一斑。同样，他们认为只要能够"改正"年轻人的意识，就能解决吸血企业问题。

然而，政府一方面将问题归咎于年轻人的"意识"，而另一方面却主动调整，放宽政策，积极扩大非正式用工规模。经济界也是一样。例如1995年旧日本经济团体联合会的报告中就指出，传统的日式劳资关系是一种"高成本制度"，建议今后应该建立不同于以往的、全新的劳资关系模式。报告还指出，除了传统意义上的"长期能力积累型"的正式员工以外，还应该新增"高端技能发挥型"人才和"柔性雇佣型"人才，而对传统的"长期能力积累型"人才的需要被逐渐削减和缩小。

不仅如此，2005年新日本经济团体联合会甚至提出"白领豁免制度"[1]，试图将企业不付加班费的行为合法化，非但不取缔吸血企业，甚至主动为吸血企业撑腰。

从这一系列问题中我们可以看出，经济界正试图片面地利用传统日式雇佣中对自己有利的部分。虽然他们嘴上说"新模式"，但实际上非但没有否定日式雇佣，还试图将无偿加班这一日式雇佣中的"糟粕"合法化。

---

〔1〕指以免除《劳动法》对白领人员工作时间限制为中心的一揽子制度改革。

如果他们真有心思建立全新的劳资关系，首先应该加强对企业手中过于强大的人事管理权和通过人事管理权进行的违法行为的监管，这一权力原本是以对员工的雇佣保障和年功序列薪资待遇的承诺为交换条件而产生的。然而令人遗憾的是，他们口中新模式的核心，却是无偿加班的合法化，以及扩大本应只是对日式雇佣起补充作用的非正式用工。

这种政策的结果，就是以日式雇佣为基础的劳资关系发生变质，以及企业通过片面利用传统日式雇佣中对自己有利的部分变身成为吸血企业。然而这一问题却被贬低为年轻人的"意识问题"。

比如，从日本厚生劳动省在应对职场霸凌增加这一问题的态度上，我们就能十分明显地感受到这一点。厚生劳动省于2012年5月发布的数据显示，2011年度在日本全国劳动局接到的咨询案例中，与职场霸凌相关的咨询比上一年度增加了17%，高达近46000件，创下历史新高。然而厚生劳动省却认为这一变化的原因是"现在认为领导的批评教育是职场霸凌的人越来越多"。这一数据在过去9年里增加到了原来的将近7倍，而厚生劳动省却不屑一顾地将其归为年轻人的"意识问题"。

除此之外，关于最近流行的"新型抑郁症"的舆论风向也是一样。NHK于2012年4月播放的特别节目《袭击职场的"新型抑郁症"》中，将患病的年轻人描述成偷懒、任性的人，哪怕是日常工作中受到批评教育，年轻人都会"装病"而使企业束手无策。

职场霸凌和新型抑郁症的原因常被归纳为"现在的年轻人缺少受到批评教育的经验"。在这里我可以断言，哪怕"年轻人特有的精神倾向"真的存在，如果我们没办法同时看到社会结构客观变化背景下现代企业中发生的变化，是没办法从根本上解决年轻人离职、患抑郁症的问题的。

建立在上述错误认识上的政策，不仅没办法改善现状，反而对吸血企业起到了鼓励作用。接下来让我们看几个例子。

"职业生涯教育"让年轻人放弃对吸血企业的抵抗

首先，让我们看一个将年轻人离职问题贬低为"教育问题"的例子。日本内阁府负责研究年轻群体雇佣政策的《雇佣战略对话》中，已经将严重的年轻人离职问题提上了议事日程。然而日本政府却认为，要解决年轻人的离职问题，需要加强"职业抗压教育"。也就是说，政府想让离职的年轻人树立远大的职业生涯意识。

日本政府这一决定的依据是这一报告中提到的"上大学之后也没有意识到需要做职业选择，或是上大学后才开始意识到要做职业选择的人，都容易为找不到合适自己的职业而烦恼，为将来进入社会而不安"，同时这部分人在大学期间参加过实习的不足一成。因此，日本政府认为，年轻人缺乏"职业意识"是他们离职的主要原因。

针对这一问题日本政府给出的对策，是要求各个学校原则上从入学开始就对学生进行职业生涯教育。这一教育的具体内容是扩展既有的"职场体验"教育，通过从低年龄开始让学生"体验工作"，培养、提高年轻人的工作意识。

诚然，培养并准备在选择职业时不受企业规模和企业形象束缚的精神十分重要。然而，并非只要接受过此类体验式教育，就一定能在就业时选择健全的工作单位。学生在缺乏就业选择的情况下进行职业体验，培养职业意识，其结果很可能是一味被灌输工作上的"纪律"。缺乏明确内容的所谓"职业意识"很可能被吸血企业劫持，用来强化日式雇佣中的糟粕。也就是说，从孩子小时候就反复对其进行洗脑式职业意识教育，很可能反而强化了企业手中原本就强大又缺乏约束的人事管理权。

原本上，职业生涯教育需要起到一部分人权教育的作用，以此培养年轻人应对企业违法行为的能力。因为吸血企业本身就是"职业生涯"最大的敌人，因此学会自卫需要从孩子抓起。

然而令人费解的是，政府口中的"劳动法律法规教育"似乎并不包括教导孩子们用好他们手中的权利，而是一味向他们灌输对劳动状况的严峻性的认识。日本文部科学省于2011年12月面向教师和学生家长发布的题为《学校社会共建为儿童和学生尽早提供充实的职业教育》的文件中，虽然明确写着应就"工作的权利和义务"进行教育，但细观具体内容我们就会发现，对于劳动者应有的权利，这份资料只字未提，反而就"社会上严峻的就业形势进行教育的重要性"细分多条进行了强调。很容易看出，对于劳动条件本就十分恶劣的吸血企业，国家也出来帮腔，逼迫劳动者接受对当前的严峻形势的认识。

求职过程本就十分折磨年轻人，近年来抑郁症和自杀人数也在逐年上升。漫漫求职路上，等待劳动者的是一个个吸血企业，而在教育过程中，年轻人被灌输的也是抽象的劳动义务和职业意识。这样的社会会带来怎样的结果呢？年轻人在求职过程中或就职吸血企业后，都会被反复灌输并接受"哪怕是遇到违法行为也要咬牙忍受"的思想，最后抛弃自己结婚、生产、养育后代的生活，全身心地为吸血企业奉献一切。因此，无论怎样"学会忍耐"，日本社会都不会变得更加富裕和美好。

促进就业政策催生"安于现状"的心态

接下来，让我们看看针对学生求职活动的政策。上文中我们已经分析了当下的求职过程中，各方面是如何对年轻人进行洗脑的。不仅如此，近年来的促进就业政策也在不断强化着这一趋势。

细观近年来主要的促进就业政策。第一，是国家针对留级和推迟毕业的学生进行补贴，通过减免一半学费，来延长学生能够以应届毕业生身份找工作的时间。

第二，降低研究生入学门槛，分流部分求职不利的学生，让他们继续进修。这一政策的背景是教育制度改革大幅增加了研究生招生名额。相当一部分学生考研的目的并非做研究或获取专业知识，而仅仅是为了通过读研来延长求职的时间。

第三，学生读研的学费主要由金融机构资金"输血"的助学贷款来支付。助学贷款发放门槛相比从前大幅降低，放款标准变得十分宽松。然而，对于学生来说，助学贷款毕竟是"债务"，借得越多，将来的生活压力也就越大。在我接到的咨询中，就有很多劳动者因无力偿还助学贷款而考虑跳槽或申请低保。

第四，成倍增加大学中就业咨询师的人数，通过他们的咨询来帮助大学生做出"选择"。上文中我已经论述过，学生能够通过咨询获得的所谓"选择"，很可能并非真正的选择，而只是"专业人士"通过心理学手段让学生接受"被选择"的结果而已。

以上简单介绍了四种促进就业政策。这些政策不过是在制度上鼓励（奖学金）、持续（留级、读研）、加强（就业咨询）传统的应届毕业生就业手段而已，其共通特点是都只能给现状打补丁。各方面通过持续让学生重复进行求职步骤，加强了对年轻人的洗脑，最终让他们学会放弃自己应有的权利。

如果学生升到大四之后还找不到理想的就业单位，就不得不选择留级继续学业，或借助助学贷款升学读研。如果这样还是找不到工作，那就只能承认自己能力不足，并接受恶劣的劳动条件。这样的促进就业政策反而让学生失去斗志，促使他们不得不接受非正式用工和"试用期雇佣"（下文详述）的现实（见图3）。

图3　促进就业政策反而导致学生在求职过程中失去斗志

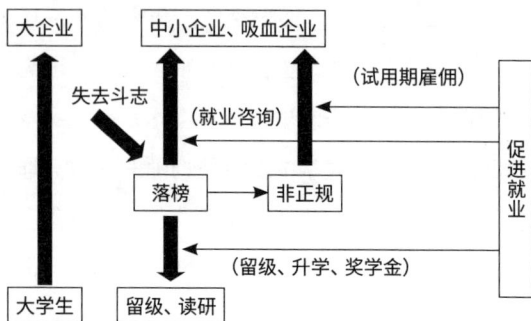

以上提到的政府促进就业政策主要都是着眼于个人，制定政策的目的是尽量增加学生就业机会。然而，当我们站在整个社会的角度去看待这些政策就能发现，它们反而会削弱年轻人的斗志，让他们甘于接受现状，而这恰恰有利于吸血企业。

扩大"试用期雇佣"十分危险

不仅如此，和促进就业政策配套推出的，还有扩大"试用期雇佣"的政策。作为促进年轻群体就业的重要手段，该政策在日本内阁府的《雇佣战略对话》中被放在了极其重要的位置。然而，正像本书前文所述，这一政策造成就业市场竞争加剧，最终导致了应届毕业生的贬值。

除此之外，政府还制定出了"应届毕业生实习制度"，根据这一政策，政府同时补贴劳资双方，鼓励就业失利的应届毕业生进入企业进行为期6个月的"实习"。"应届毕业生实习制度"是最能代表"试用期雇佣"扩大政策的制度之一。传统的"试用期"上限为企业雇用劳动者后3个月，同时劳资双方之间存在正式的雇佣关系。然而"应届毕业生实习制度"中，将实际上的"试用期"延长到了6个月，企业和劳动者之间甚至连雇佣关系都不存在。该制度在将适用对象锁定在应届毕业生的同时，也允许企业强迫他们在比传统的试用期更加不稳定的劳动条件下进行竞争。

除了我们在吸血企业常见套路中看到的试用期内随意解雇员工之外，现在还新增了"试用期雇佣"和"应届毕业生实习制度"。在此影响下，应届毕业生的社会价值变得越来越不稳定。我们甚至可以这样说，政府的政策对吸血企业的套路起到了推波助澜的作用（当然，合理利用"试用期雇佣"是可以获得正面社会效应的）。

综上所述，无论是政府对吸血企业应对政策，还是向社会推出的雇佣政策，都存在着有利于吸血企业恶性发展的可能性。虽然在毕业生求职过程中，就个体而言，可以多加注意，避免受到反复应聘中的洗脑影响和踏进"试用期雇佣"的陷阱，但当我们站在整个社会的角度来看，"多加注意"完全算不上什么有效的应对措施。因为洗脑和"试用期雇佣"都有可能对催生吸血企业问题的社会结构起到强化作用。

站在更加宏观的视角我们甚至可以说，对于当今的日本社会来说，我们应该尽早地去维护年轻人的合法权利，重塑健康的劳资关系。原本，劳动者通过正确理解法律赋予自身的权利，提升自身未来可预见必需的谈判交涉能力，是可以建立起健康的劳动环境并提升企业经营效率的。

消除劳资双方相互不信任的状态，本应该是国家经济政策的最大关注点，更不用说吸血企业问题可能加剧少子化，造成社会整体退化了。时至今日，如果一个国家制定政策的人还在本末倒置地认为"越是教导年轻人懂得自身权利，年轻人就越找不到工作""年轻人主张自身权利，会造成企业经营效率变差"，那么我们只能说这个国家的劳动政策是极不成熟的。

真正必要的政策——限制企业的人事管理权

那么，我们真正需要的是怎样的政策呢？其实，只要分析催生出吸血企业的社会结构性问题，就不难找到答案。吸血企业是从传统的日式雇佣中变质而来，却抛弃了对劳动者的雇佣保障，仅留下对企业自身有利的、极强的人事管理权。不仅如此，由于就业政策并未真正改善就业市场"僧多粥少"的现状，更进一步助长了吸血企业肆无忌惮的气焰，甚至还造成失业人员、非正式员工、正式员工之间的相互竞争。

我们应该如何解决这些问题呢？首先我们应该规划的是逐渐摆脱传统日式雇佣模式的新制度。归根结底，在日式雇佣制度下，只有企业中的正式员工（其中绝大部分为男性）能够获得企业的"成员"地位。只有获得"成员"地位，才能得到长期雇佣和企业诸多福利待遇。因此我们可以说，日式雇佣本质上是一种狭隘、封闭、具有歧视性的雇佣制度。而日本的国家福利严重依赖日式雇佣的现状正是日本社会扭曲的一面。

为了削弱日式雇佣制度带来的负面影响，首要的课题是建立限制劳动时长和企业的人事管理权的机制，特别是限制劳动时间以减少过劳死和抑郁症的发生。在这一点上，最值得我们参考的是欧洲国家的政策。欧盟设有最低休息时间制度，从劳动者下班到下次上班之前，最低需要保证 11 小时的休息时间。日本民主党击败自民党获得政权时，曾在政策公约修正案中加入了这一政策。如果这一政策能够在日本实现，现状将会获得很大的改善。此外，未来我们还需要根据工作内容去限制企业对劳动者的人事管理权，但为了实现这一目标还需要漫长的时间和大家共同的智慧与努力。

在制度充分完善之前，为了保护劳动者的合法权益免受过于强大的人事管理权的侵害，应该尽早制定防止过劳死基本法[2]，重点限制劳动时长，同时涵盖防止职场霸凌行为的内容。国家针对员工出现过劳死或患抑郁症的企业进行严惩，是防止过劳死的重要方法之一。目前，很多国会议员都赞成制定防止过劳死基本法。

其次，应针对就业市场制定失业救济制度和限制非正式用工的政策。为了尽快改善年轻人"供大于求"、工作机会"僧多粥少"的局面，同时最大限度缓解就业压力，必须尽快实施失业救济制度。在扩大失业保险覆盖面的同时，加强职业技能训练机构建设，让失

---

〔2〕该法律正式名称为《过劳死等防止对策推进法》，于本书在日本出版 2 年后的 2014 年 6 月在日本立法机关获得通过，并于 2014 年 11 月正式开始施行。

业者能在失业期间尽快提升自身实际的工作能力。目前，政府对公营职业技能培训机构的支出占 GDP 的比例，日本仅为欧洲主要发达国家的 1/10 到 1/5。造成这一现状的主要原因是传统日式雇佣制度中的长期雇佣和在职培训制度削弱了政府经营职业技能培训机构的必要性。

此外，针对非正式用工，应尽快重新制定派遣工制度，特别是对"预定介绍派遣"制度和试用制度做出调整。这些制度会降低应届毕业生的社会价值，让企业更容易对年轻人进行"筛选"和"用后即弃"式压榨。在此需要强调的是，试用期制度本身并非完全没有正面效果。很多企业确实在犹豫是否需要招聘员工，通过政府补贴鼓励这类企业"试用"新人，可以在一定程度上增加年轻人就业的机会。但是，实施试用期制度，必须配套推进相应的监督制度，赋予政府和公民（工会和 NPO 等）更强的监督权，防止骗补企业和吸血企业利用这一制度压榨年轻人。我多次提醒大家注意吸血企业为了自身利益，不惜恶意利用国家的优惠政策这一事实。为了正确推进国家各项优惠政策的落实，我们必须在实际操作中增强战略性思维。

建立起普通人能够健康持续发展的社会模式

除了上述政策之外，我们还需要建立起具有可持续发展性质的薪资和社会保障体系。在传统日式雇佣制度逐渐失效的当下，上述模式不仅需要被劳动者接纳，同样也需要被企业接纳。对于年轻人来说，高喊"增加日式雇佣"这类口号是毫无意义的。而对于企业来说，无章可循的状态同样不利于建立健全高效的经营机制。为此，我们需要建立能被劳资双方所接受、可持续发展的劳资关系模式。我在上文提到过，吸血企业问题的本质是扭曲的劳资关系。既然这样，解决吸血企业问题的关键同样在于重建健全的劳资关系。

为了实现这一目标，首先需要做到的是在一定程度上限制劳动者对薪资的要求。与此同时，建立起明确限制企业人事管理权的制度。当然，如果薪资过低，劳动者将无法维持正常生活。对于这一问题，我们完全可以通过多种方法让劳动者的生活水准和薪资脱钩。比如，只要我们通过社会福利政策使劳动者在教育、医疗、住房等方面得到保障，那么，哪怕低薪资的劳动者也能够达到国家最低生活水准。只要能够实现和欧洲同等的福利水准，就能够大幅提高劳动者的生活水平。

如果单纯依靠薪资来保证劳动者的生活水平，而工资水平又受到企业支付能力的限制，就很难避免社会贫富分化的加剧。无论劳动者在哪家企业工作，国家都需要通过最低工资标准和社会福利来保证他们能够维持组成家庭所需的最低限度的生活水平。

　　我们可以将现在失衡的社会模式概括为"低福利＋低薪资＋高命令"模式，而理想型的社会应为"高福利＋中薪资＋低命令"模式。企业不受制约的人事管理权会剥夺年轻人的未来。而对于企业自身来说，这一现状也有很多不良影响。比如，如果年轻人失去对企业的信任、离职率增高的话，随之增高的应对劳动纠纷的成本、招聘成本、教育新员工的成本，都会成为企业的负担。哪怕现在通过"用后即弃"式压榨攫取到了高额利润，站在长远观点看来，企业也势必会因此背上沉重的包袱。

　　能通过现在的社会模式获利的，只有一部分无视国内市场的跨国企业，还有在劳动纠纷中趁火打劫、大获渔翁之利的黑心律师。黑心律师利用法律法规的漏洞做起了趁火打劫的生意，是不利于社会发展的。在他们的推波助澜之下，社会整体的成本越来越高，日本的生产效率和国际竞争力必然遭到削弱。

　　因此，向全新社会模式的转换，无论是对在日本工作的人，还是对于在日本进行生产经营活动的企业都是势在必行。

在这一过程中，有另一个极其重要的因素，就是建立起"普通人也能够健康持续发展的社会模式"。比如人力资源咨询师常见阳平就在其著作《我们都是"高达"中的"吉姆"》中写道，世界上的人"99%都是'吉姆'，而不是'高达'"。我认为这一说法十分具有说服力。所谓"吉姆"是系列动画片《机动战士高达》中常被敌人击落的量产型机器人。这一比喻告诉我们，并非所有人都能成为精英、英雄。然而，近年来却只有放宽劳动法律法规的限制和英才教育政策受到追捧。显而易见，这样的政策会鼓励吸血企业压榨人才。我们真正需要做的，不是采用那些标榜扩大精英阶层自由的工作方式，而是建立起让普通人能够健康持续发展的社会模式。本书之所以提倡这一模式，正是为了建立能够实现这一社会状态的劳资关系。

年轻人路在何方

那么，为了实现理想中的劳资关系，我们每个年轻人应该如何行动呢？第一点，也是最重要的一点，就是年轻人要学会战略性思维。关于战略性思维，我已经在第5章详细论述过。为了应对吸血企业的战略，我们同样也要有战略地行动起来。而且，战略性思维不仅在应对吸血企业时不可或缺，在我们的公民社会中也同样十分必要。在民主主义国家中，只有我们有战略地提出主张和进行斗争，才能够实现正义和合法权利。绝不能期待明君降临来救年轻人于水火。

第二，公民社会的制度诞生于反复的斗争和纠纷。社会上纠纷不断，不仅会造成社会成员的不安，还会降低经济效率。但也正因为如此，纠纷中才会形成约定俗成的解决方案，而在社会成员都开始遵守这些解决方案后，才能形成稳定的社会。日式雇佣虽然存在很多不合理之处，但多年以来其作为一种"制度"，客观上起到了维护日本社会稳定的作用。然而，在社会结构不断变动的大背景下，日式雇佣传统已逐渐无法继续维系。而吸血企业正是有战略地利用这一制度漏洞，牟取暴利。

因此作为年轻人，也需要有战略地对抗吸血企业，在这一过程中监督、规范吸血企业的行为，建立起新的劳资关系。比如，面对吸血企业的常用手段"逼迫离职"，很多年轻人都通过有战略地取证，或将企业告上法庭，或通过工会进行集体谈判，封堵吸血企业的可乘之机。日积月累的斗争，是新法律、新规范、新制度诞生的基础。因此，战略性思维不但在我们维护个人的合法权益时非常重要，在维护社会稳定中也同样不可或缺。

在此，我们必须注意到一点，那就是我们个人的"战略"和推动社会变革的战略性行为之间，是存在一定断档的。比如，当我们面对企业不支付加班费或逼迫离职等行为的时候，如果仅考虑维护自己的合法权益，则很可能会掉进企业的圈套。对于真正敢于斗争的年轻人，吸血企业其实是愿意花钱摆平的。也就是说，吸血企业宁愿私下花钱摆平少数敢于斗争的劳动者，以此掩盖并延续自身的违法行为。这同样是吸血企业的战略之一。

虽然和个人利益密切相关的战略性思维是维权的基础，但我们同样也不能忘记将维权行动扩展到整个年轻群体和整个社会。比如，对于企业不支付加班费的行为，我们不仅要考虑自己拿到加班费，更要考虑如何让全公司同事都拿到加班费。对于逼迫离职，我们也要和其他权益受到侵害的劳动者携起手来共同解决问题。因此，能否做到进行具有社会高度的思考，也是一个很重要的问题。

不过，对于这一问题，我并不感到悲观。因为前来找到我咨询的年轻人绝大多数都没有将维权仅仅看成是自己一个人的问题，他们心中还挂念着自己的同事和今后新入职的毕业生。"受害的绝不仅仅是自己一个人"，这才是他们斗争下去的动力。

我们这一代人，有义务在日积月累的斗争中建立起取代日式雇佣的新一代劳资关系。我运营 NPO 组织、从事劳动咨询活动的理由，也正是想要亲手创造属于我们的未来。

根除吸血企业的社会战略

最后，我尝试对如何根除吸血企业做一些社会战略性的提案。第一，就是加入工会、NPO 等组织，建立新的人际关系和社会关系。通过这一行动，我们更容易将自身的战略性行为赋予社会意义。此外，通过工会、NPO 等有组织地进行维权，不仅可以解决很多靠一己之力难以解决的问题，有时也能帮助他人维权。通过这一过程，我们能为建立新的劳资关系打下基础。

吸血企业问题源自劳资关系的崩溃，而这一模式又在"黑心专家"的推波助澜下逐渐蔓延。既然问题根源在于劳资关系，那么重塑劳资关系无疑是消除吸血企业、建立新的社会模式的关键所在。

为此，我们需要突破传统工会组织的种种局限。劳动社会学者木下武男在著作《挑战贫富分化社会的工会》中，将建立新的社会模式称为"外部建构"。也就是说，我们不能仅依靠传统的行业工会组织，更要在企业外部建立新的维权渠道。我们这一代人必须摸索传统的企业工会以外的劳资关系。

第二，建立并普及完善的劳动法教育制度。我认为，应在学校的"生活课"中增加这部分内容。我对初高中的"生活课"（家庭课）中消费者权益教育的相关内容记忆犹新。比如，课上教授的如何理解法律对于购物冷静期的规定，以及对于不请自来的快递包裹如何处理等，都是十分实用、贴近生活的知识。

虽然现在的"公民课"也涉及了一部分劳动权的内容，但这些知识都比较欠缺实用性。我们不仅需要在教育中加入如何具体维护自身各项劳动权利的内容，营造全社会共同揭发、取缔吸血企业的氛围，更要正确普及劳动 NPO 及工会组织的知识，提高其组织覆盖率，否则是无法根除吸血企业的。

为了正确做到劳动法普法教育，学校需要外聘经验丰富的讲师，或制作新的教材。我工作的 NPO 每年都会接到数十次来自各地高中、大学的，讲授劳动法教育课的邀请，因此也深感培养专业讲师的必要性。

面对吸血企业，我们不能仅仅坐等政府出面。无论是"外部建构"还是普法教育，都是我们身为一名普通公民能够做到的事。同时，也希望能有更多的读者通过本书了解并关注工会和 NPO 的活动。

后　记

当我们讨论吸血企业问题的时候，往往很容易将视角固定在劳动者个人合法权益受到侵害的侧面。本书试图拓宽视野，向读者展示出将吸血企业视为一个社会问题的重要性。相信各位读者在读完本书后，已经认识到吸血企业不仅仅是"个别公司虐待员工"的问题，更是一个有可能破坏日本社会和经济、产生严重后果的社会问题。

吸血企业会剥夺年轻人的前途，加剧少子高龄化，从根本上破坏日本的社会保障和税收体系。同时，吸血企业还会威胁消费者的安全，影响社会整体的技术水平。

通过上述分析我们可以得出结论，那就是只有消灭吸血企业，才能提高日本经济发展效率，促进社会进一步发展。

说到底，"吸血企业"这个词究竟意味着什么呢？我们可以说，"吸血企业"宣告了一个年轻人有义务去进行变革的现状。只是这个宣告既不包含明确的定义，也没有明确指出某个象征性的事件。

在日式雇佣制度崩溃的现在，社会需要新的秩序。曾经只懂得责怪自己的我们这一代人发明出了"吸血企业"这个词，以此表达我们必须改变日本社会现状的决心。这正是"吸血企业"这个词的意义所在。

吸血企业并非一个"概念"，而是一种我们这一代人心怀问题意识并以此推动社会变革的"思想"。

本书内容上虽然与我去年出版的《战胜吸血企业》（共著，旬报社）有诸多重叠之处，但在编写过程中，我积累了更多事例，也重新整理了问题的侧重点，进一步充实了内容。

此外，本书还收入了我发表在自身也参与编辑的杂志《POSSE》（堀之内出版）上的多篇论文。《POSSE》由多名学生和青年志愿者参与编辑，今后也将持续关注吸血企业问题的最新动向。

最后，本书能够出版，有赖 NPO"POSSE"的各位职员，以及前来咨询的各位同龄人的大力支持。尤其要感谢帮助我收集整理咨询案例的办公室主任川村辽平先生，教给我分析劳动问题的基本视角的木下武男老师，以及在迟迟无法交稿时鞭策我并推动本书出版的文艺春秋出版社的渡边彰子女士。

今野晴贵

2012 年 10 月

参考文献

木下武男『格差社会にいどむユニオン―― 21 世紀労働運動原論』花伝社（2007）

木下武男『若者の逆襲――ワーキングプアからユニオンへ』旬報社（2012）

熊沢誠『格差社会ニッポンで働くということ――雇用と労働のゆくえをみつめて』岩波書店（2007）

今野晴貴『マジで使える労働法――賢く働くためのサバイバル術』イースト・プレス（2009）

今野晴貴・川村遼平『ブラック企業に負けない』旬報社（2011）

佐々木隆治『私たちはなぜ働くのか――マルクスと考える資本と労働の経済学』旬報社（2012）

田端博邦『グローバリゼーションと労働世界の変容――労使関係の国際比較』旬報社（2007）

常見陽平『僕たちはガンダムのジムである』ヴィレッジブックス（2012）

野川忍『労働法』商事法務（2007）

濱口桂一郎『新しい労働社会――雇用システムの再構築へ』岩波新書（2009）

湯浅誠『反貧困――「すべり台社会」からの脱出』岩波新書（2008）

吉田美喜夫・名古道功・根本到編『労働法〈2〉個別的労働関係法』法律文化社（2010）

労働政策研究研修機構・濱口桂一郎編『日本の雇用終了――労働局あっせん事例から』労働政策研究・研修機構（2012）

BLACK KIGYO Nihon wo Kuitsubusu Yokai by KONNO Haruki

Copyright © 2012 KONNO Haruki

All rights reserved.

Original Japanese edition published by Bungeishunju Ltd. in 2012.

Chinese (in simplified character only) translation rights in PRC reserved by Shanghai Translation Publishing House under the license granted by KONNO Haruki, Japan arranged with Bungeishunju Ltd., Japan through BARDON CHINESE CREATIVE AGENCY LIMITED, Hong Kong.

图字:09 - 2021 - 153 号

图书在版编目(CIP)数据

吸血企业:吃垮日本的妖怪/(日)今野晴贵著;
王晓夏译.—上海:上海译文出版社,2022.6
(译文坐标)
ISBN 978 - 7 - 5327 - 8977 - 1

Ⅰ.①吸…　Ⅱ.①今…②王…　Ⅲ.①企业管理-研
究-日本　Ⅳ.①F279.313.3

中国版本图书馆 CIP 数据核字(2022)第 071833 号

吸血企业：吃垮日本的妖怪

[日]今野晴贵　著　王晓夏　译

责任编辑/张吉人　薛　倩　装帧设计/张擎天

上海译文出版社有限公司出版、发行

网址:www.yiwen.com.cn

201101　上海市闵行区号景路 159 弄 B 座

启东市人民印刷有限公司印刷

开本787×1092　1/32　印张7.5　插页3　字数 98,000

2022 年 8 月第 1 版　2022 年 8 月第 1 次印刷

印数:0,001—8,000 册

ISBN 978 - 7 - 5327 - 8977 - 1/ F·232

定价:38.00 元